KB158045

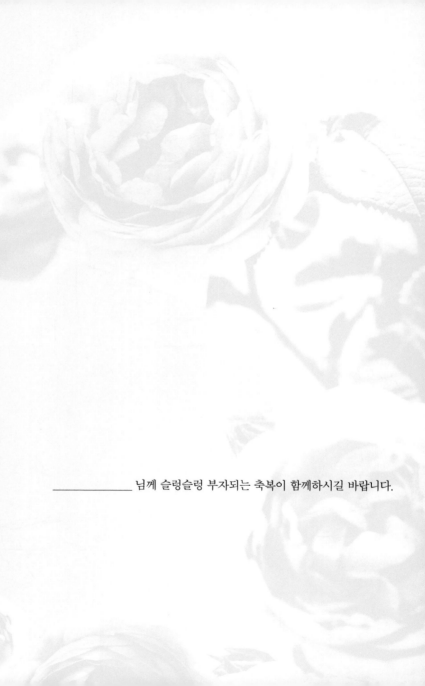

_____ 님께 슬렁슬렁 부자되는 축복이 함께하시길 바랍니다.

슬렁슬렁 부자되는

풍요노트

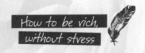
How to be rich,
without stress

슬렁슬렁 부자되는
풍요노트

비하인드 지음

미래시간

큰 사랑으로
진정한 풍요가 무언지 알게 해주신 부모님과
사랑하는 남편 SJ, 영원한 반려견 꼬맹이,
오래 기다려주신 독자님들께
이 책을 바칩니다.

차례

1부 평범한 그녀는 어떻게 풍요로워졌나?

2부 슬렁슬렁 부자되는 풍요노트 배우기

차례

_{4부} 이것이 알고 싶다! 풍요노트 Q&A

　　SNS나 블로그를 통해 소식을 접한 분들은 아시겠지만 저는 지금 제주도에 살고 있습니다. 책 작업 때문에 서울에 자주 올라가지만, 이제 집이 어디냐고 묻는다면 '제주'라고 답하는 제주도민이 되었습니다.

　　제주에 정착할 수 있었던 것 또한 첫 번째 책《코즈믹 오더링》이후 몇 년째 당당히 주장해 온 우주 택배의 한 부분이라고 말씀드릴 수 있을 것 같아요. 더 중요한 건 제주에 와서 삶은 이전보다 더 풍요로워졌다는 것입니다. 제 삶이 궁핍해졌다면 아마《슬렁슬렁 부자되는 풍요노트》를 다시 낼 생각은 못했겠지요.

초판에 미흡했던 점을 보강하고, 제주에 와서 경험한 풍요에 대해 실으려다 보니 개정판 작업이 예상보다 늦어졌습니다.

기다려주신 독자 여러분께 진심으로 감사 말씀드립니다.

2016년 1월

비하인드 드림

돈 없이도
행복할 수 있다는 거짓말

학자금 대출에서 해방되고 싶어요. 빚 없이 살고 싶습니다.

장사가 잘 안 돼서 매달 적자입니다. 돈 걱정 좀 안 하고 살래요.

빠듯한 월급쟁이다 보니 연애며 결혼이며 부담스럽네요.

경제적으로 풍요로우면 연애도 맘 편히 할 텐데…

가족 눈치 안 보고 쇼핑 좀 마음껏 해보는 게 소원이에요.

이 책을 읽는 독자 여러분을 비롯해서 많은 사람들의 공통된 위시리스트 1순위. 그건 바로 경제적인 풍요일 거예요. 돈이 있으면 뭐가 좋을까요?

돈이 여유로우면 지긋지긋한 회사 당장 때려치워도 되고, 백수라고 눈치 주는 가족들 앞에서 떳떳할 수 있고, 어디든

홀쩍 떠날 여행의 자유도 누리고, 명품 브랜드의 가방과 액세서리, 멋진 자동차… 이 모든 것들을 누려볼 수 있지요!

돈이 인생의 전부는 아니라지만, 요즘 같은 현대사회에서는 많은 부분이 돈으로 해결된다는 것을 인정할 수밖에 없을 것 같아요. 곳간에서 인심난다는 옛말도 있는 것처럼 호주머니가 넉넉하면 마음도 너그러워지지요. 반대로 생활고에 시달리면 마음도 매사에 각박합니다.

잠깐만 생각해봐도 S라인 몸매를 위해 다이어트를 하려면 닭가슴살과 고구마 식단, 요가 또는 헬스클럽 등록, 부기 빼주는 한약 등등이 필요한데… 이걸 다 하려면 대체 얼마가 있어야 하죠? 연인과의 데이트에 분위기 좀 잡으려면 어지간한 레스토랑의 식사비, 놀이공원이라도 한 번 가려면 그건 또 얼만가요? 이런 자기계발적인 부분이 아니라도 돈이 있으면 당장 등록금 걱정, 아파트 대출금 걱정을 안 해도 되겠죠.

TV드라마를 보면 재벌가 자재들은 싸가지 없고 자신만 아는 이기주의자로 묘사되지만 현실과는 다른 이야기입니다. 요즘은 있는 집 아이들이 심성이 곱고, 성품도 더 바르다고 합니다.

그럴 수밖에 없죠. 좋은 환경에서 자라면 결핍이나 열등감을 경험할 일이 아무래도 덜하니까요.

그래서 가난해도 마음만 행복하면 됐지! 돈으로 살 수 없는 것도 많아! 라는 말을 저는 별로 신뢰하지 않습니다.

요즘 같은 세상에 가난해도 마음은 행복하다… 불가능한 이야기는 아니겠지만 속세를 완전히 등지고 무념무상의 경지에 들어간 수행자가 아니고서야 힘들다는 거죠. 그보다 당장 내야 하는 휴대전화 요금을 낼 돈이 없고 월세를 못 내서 거리에 나앉아야 하는 상황에서 가난해도 마음만 행복하면 돼! 를 외친다면 어쩌면 자신에게 솔직하지 못한 건 아닐까요?

글쓴이는 《코즈믹 오더링》이라는 책을 통해 마음의 힘에 눈을 뜨고 생각을 전환함으로써 어떻게 우리가 원하는 것을 이룰 수 있을지에 관한 이야기를 소개한 적 있습니다.

농담 삼아 자신을 '생계형 작가'라고 소개하고는 하는데요, 그도 그럴 것이 평범한 제가 코즈믹 오더링이라는 "우주 택배 서비스"를 통해 가장 먼저 주문한 것도 '내 집 지키기'라는 부분이었으니까요. 부모님으로부터 독립하면서 자취집을 얻었는데 그 집이 경매에 넘어가게 되어 보증금을 날릴 위기가 닥친 것이죠.

이 과정에서 얻게 된 놀라운 경험담을 스토리텔링 형식의 책으로 펴냈고, 감사하게도 많은 분의 사랑과 공감을 얻었습니다. 아직도 가끔 받는 질문인데, 그 책에 담았던 내용은 약간의 가공은 있지만 100% 실화랍니다.

이렇게 책을 읽은 분들과 소통을 하면서 개인적으로 궁금한 부분과 미흡한 부분들을 보완하게 되었습니다. 그 과정에서 경제적인 풍요를 쉽게 더 쉽게, 슬렁슬렁 달성할 수 있는 방법에 대해 앗, 이거였어! 싶은 효과적인 방법들을 경험했습니다.

이 책의 내용을 편하게 읽고, 공감하고, 삶속에서 작은 실천으로 옮기면 반드시 좋은 결과가 있을 거라고 먼저 경험한 베타테스터이자 지은이로서 보장 드린답니다.

그럼 슬렁슬렁 부자되는 풍요노트 이야기를 시작해보겠습니다.

코즈믹 오더링에 대해서

슬렁슬렁 풍요노트를 쓰는 데 코즈믹 오더링을 꼭 알아야 하는 건 아니지만, 기본적으로 알아두면 풍요노트를 쓸 때뿐만 아니라 다방면에서 활용할 수 있기에 간략하게 소개합니다.

코즈믹 오더링Cosmic Ordering은 유인력의 법칙으로 유명한 론다 번의 책 《시크릿》보다 먼저 독일에서 출판된 바르벨 모어의 책 제목입니다. 한국에서는 《우주의 소원 배달서비스》라는 책으로도 번역된 적 있고, 또 글쓴이가 2010년 조이럭클럽 출판사를 통해서 낸 책 제목이기도 합니다. 다시 말하면 슬렁슬렁 부자되는 풍요노트의 기초편이라고 할 수 있습니다.

코즈믹 오더링이라는 단어 자체는 서구에서는 소원을 성취하는 기법의 대명사로 일반화된 단어입니다. 문자 그대로 우주에 나의 소원을 올바르게 주문하면 우주가 그 소원을 들어준다는 뜻입니다. 코즈믹 오더링은 간략하게 주문하기와 택배받기, 2단계로 이루어져 있습니다.

1단계 주문하기

① 자신의 소원을 구체적으로 정합니다.

② 이루어진다는 긍정적인 느낌을 가지면서 그에 대한 심상화(시각화)를 합니다.

③ 긍정적인 느낌이 없거나 심상화가 잘 되지 않을 경우, 또는 반발심이 느껴질 경우 EFT 타점 두드리기로 부정적인 느낌들을 지우도록 합니다.

2단계 택배받기

① 위의 주문과정을 거친 후 소원이 이루어짐을 긍정확언으로 만들어 반복합니다.

② 이 과정을 21일 동안 꾸준히 진행합니다.

③ 21일 주문이 끝나면 긍정적이고 즐거운 마음가짐을 갖고 우주 택배를 기다립니다. 보통 하루 4시간 이상씩 즐거운 감정 상태를 유지하는 것이 좋습니다.

④ 올바르게 주문이 되었을 경우 우연을 통한 징조가 나타납니다. 자신의 잠재의식을 신뢰하고 징조를 따라 행동하면 원하는 우주 택배를 곧 받게 됩니다.

즉 심상화, 긍정확언, 부정적인 감정지우기 3가지 요소가 핵심입니다. 따라서 코즈믹 오더링의 풍요편이라고 할 수 있는 슬렁슬렁 부자되는 풍요노트를 쓸 때도 심상화, 긍정확언, 부정적인 감정지우기를 틈나는 대로 병행하면 더 확실하고 좋은 결과를 볼 수 있답니다.

일러스트는 EFT를 할 때 두드리는 타점의 위치입니다. 이 위치의 타점을 가볍게 두드리면서 긍정확언을 하면 부정적인 감정은 지워지고 긍정확언의 내용이 잠재의식에 새겨집니다.

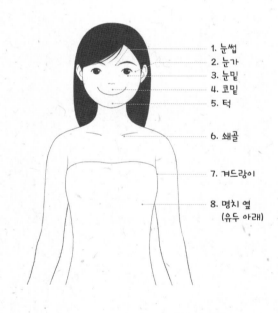

1. 눈썹
2. 눈가
3. 눈밑
4. 코밑
5. 턱

6. 쇄골

7. 겨드랑이

8. 명치 옆
   (유두 아래)

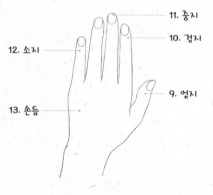

11. 중지

10. 검지

12. 소지

9. 엄지

13. 손등

14. 손날

1부

평범한 그녀는

어떻게 풍요로워졌나?

왜 돈은
나만 비켜가는 것일까?

> 사람들이 빈곤층에서 벗어나게 되는 네 가지 요인은 다음과 같다.
> 계속 머무르기에는 너무 고통스럽거나, 목표나 비전이 생기거나,
> 자신을 이끌어줄 사람을 만나거나, 특별한 재능 또는 기술을 얻거나.
>
> – 《계층이동의 사다리》 중에서

오전 11시. '힐링'에 관련된 출판계 동향을 분석하고 다음 분기 출간할 아이템에 관한 편집부 전체 회의 시간.

팀장님의 일장연설이 끝나고 잠시 침묵이 흐를 무렵, 나의 스마트폰이 부우웅~ 하며 요란을 떤다. 이래서는 군이 진동모드로 바꿔놓은 보람이 없는데. 눈에 익은 번호인 걸 보고 잽싸게 받아 끊으려는데 통화 버튼을 누르자마자,

"안녕하세요? 더나은카드 여신관리팀입니다. 이○○ 님 핸드폰 맞죠?"

갑자기 심장이 쪼그라드는 느낌이다.

"네, 맞는데요…."

나는 팀장님의 눈치를 보며 혹시나 소리가 새어나올세라 스마트폰을 단단히 움켜쥐고 회의실을 빠져나왔다.

"지난달과 이번 달 카드대금 미납 건으로 연락드렸습니다. 금액은 총 120만 4,000원입니다. 오늘 오후 4시까지 가상계좌로 입금 부탁드리고요…."

나는 상담원의 무미건조하면서도 어딘지 모르게 기분 나쁜 협박성 안내 멘트를 멍하니 듣다 놀라고 말았다. 120만 원이라니! 나는 그 돈을 쓴 기억이 없다.

"예??? 제가 좀 늦은 건 맞는데, 120만 원이라뇨? 뭔가 잘못된 거 아닌가요?"

나도 모르게 목소리가 높아지는 찰나, 복도 화장실에서 막 나온 경리과 여직원과 눈이 마주친다.

"아, 잠시만요, 제가 나가서 전화 좀 받을게요."

회사에는 프라이버시를 지킬 공간이 턱없이 부족하다. 춥지만 밖으로 나가야겠다. 기분 잡치게 아침부터 전화를 해댈 게 뭐람! 돈만 있으면 나도 당장 입금한다고! 내 참 더러워서… ㅠㅠ

그나저나 로또랑 연금복권이랑 매주 사는데 하나라도 걸려라. 제발~

이런 경험을 해본 분 있나요? 혹시 저런 전화를 받는다면 기분이 어떨 것 같은가요?

저는 말이죠, 돈이 없다는 건 불편함을 넘어서 여러모로 사람이 창피해지는 일이구나 하는 느낌을 받았습니다. 분명히 돈은 행복과는 큰 상관이 없고, 돈 좀 없는 것이 부끄러운 일은 아니라고 배웠는데, 배움과 현실은 다르더군요. 늘 궁금했습니다.

'왜 돈은 나만 비켜가는 걸까?'

지금으로부터 5~6년 전 꽤나 궁핍한 생활을 할 때가 있었습니다. 하루에도 몇 번씩 언제까지 입금할 거냐는 독촉 문자와 전화에 시달리던 시절이었죠. 매일이 전쟁이었습니다. 작은 오피스텔을 얻어 자취를 시작했는데 매달 월세에 관리비, 생활비, 카드값으로 월급이 항상 모자랐죠. 심지어 단돈 몇 만 원 짜리 적금도 하나 없었습니다. 통장은 늘 마이너스였고요.

게다가 나중에는 세든 오피스텔이 경매에 넘어가게 되어서 독립할 때 "아버지, 잘 돼서 나중에 갚을게요!" 약속드리며 손 벌려 얻은 보증금마저 홀랑 날릴 지경이 되었습니다. 뜻하지 않게 회사에서 잘리고 몇 달 백수로 지낼 때는 문자 메시지에 낚여 제2금융권에서 연39%가 넘는 고리 대출을 받아 쓴 적도 있고요.

사정이 이렇다보니 매사에 의욕이 없고 남의 눈치를 살피는 버릇이 생겼습니다. 간혹 친구로부터 만나자는 연락이 와도 이런저런 핑계를 대며 피하기 일쑤였어요. 나도 모르게 시내에서 친구들 한 번 만나려면 돈이 얼마가 깨진다는 계산을 하다보니 그렇게 된 것이었죠. 데이트 중에도 늘 돈타령 하는 저를 달래느라 남자친구도 애를 먹는 경우가 많았습니다.

30대 중반에 여전히 출판사 일개 직원이었던 저는 앞으로 어떻게 살아야 하나 늘 미래가 걱정되고 불안했습니다. TV에 재벌들이 나오면 속으로 육두문자를 날리곤 했습니다. "내 돈을 다 긁어간 악덕 기업가들이야!"

저는 의식하지 못했지만 그렇게 삐뚤어진 생각으로 가득 차 있었습니다.

일본의 후쿠모토 노부유키라는 만화가가 그린《도박 묵시록 카이지》라는 작품이 있습니다. 국내에 번역 출판도 된 이른바 도박만화(?)로 꽤 유명한 작품입니다.

간략히 설명을 드리면 주인공 카이지는 오랫동안 백수입니다. 하루하루 희망 없이 살고 있습니다. 지나가는 벤츠를 보면 타이어에 펑크를 내고 엠블럼을 훔치는 등 질 나쁜 장난으로 시간을 보냅니다.

그러던 어느 날 조폭이 찾아옵니다. 카이지가 보증을 선 친구가 잠적했으니 카이지더러 대신 갚으라는데, 사채라서 어마어마한 금액인 거죠. 카이지가 도저히 갚을 수 없는 금액이라고 하자 조폭 사채업자는 빚을 단번에 갚을 수 있는 내기에 참여하라고 카이지를 꼬드깁니다. 아래는 사채업자의 대사입니다.

네가 지금 왜 그런 꼴이 됐는지 알겠나?

돈을 잡지 못했기 때문이야. 돈을 잡지 못했기 때문에 매일이 리얼하지 않은 거야. 머리에 안개가 낀 것처럼…

농구 골대는 적당한 높이에 있기 때문에 모두 슛 연습을 하지. 그게 만약 백 미터 상공에 있다고 해봐. 아무도 던지려 하지 않을

걸. 지금의 네가 그래. 닿지도 않는 골대에 진절머리가 난 거야. 매일 여러 가지 물건을 보긴 하지만 전부 쇼윈도 너머에 있어. 너는 도저히 손댈 수가 없지… 바로 그 스트레스가 네게서 패기를 빨아들이고 똑바른 마음을 죽여 가는 거야.

너 외제차에다 못된 장난을 했지? 그게 바로 그 전형적인 표현이야. 너는 벤츠를 갖고 싶어 하면서도 적당히 자신의 물건으로 만들려는 생각은 하지 않아. 처음부터 포기하고 마침내 치사한 장난이나 하고 다니지. 네가 지금 만약 천만 엔을 갖고 있다면, 그런 못된 장난은 안할 걸! 이번 일도 그래. 나는 몇 번만 이기면 몇 천만 엔을 가질 수 있다고 말하는데도 너는 그쪽에는 관심을 보이지 않아. 지는 버릇이 들었다는 증거야.

올해 우리나라 매체에 자주 오르내린 단어 가운데 '금수저, 흙수저'라는 표현이 있습니다. 쉽게 말해 이제는 개천에서 용 나던 시절은 끝났다. 개인의 노력보다는 어떻게 타고났는가, 즉 물려받은 부분이 더 많은 것을 지배한다는 뉘앙스의 단어입니다. 아무리 노력해도 소용없다는 사회구성원들의 자조감이 반영된 신조어겠지요. 하지만 생각해보아야합니다. "나는 흙수저야. 어차피 부자가 될 수 없어."라고 포기하면 현실이 과연 더 관대해질까요? 조폭은 말합니다.

"기회가 있다는 데도 관심을 보이지 않는 너는 지는 버릇이 들었다는 증거다."

적당한 가난은 한 사람을 발전하게 만드는 자극제가 되지만, 헤어날 수 없는 빈곤은 인간을 무기력하고 악하게 만듭니다. 돈 없는 사람이 정직하고 더 착하고… 이런 설정은 현실과는 맞지 않는 이야기입니다. 빈곤이 계속 되면 사람은 무기력해지고 의지는 더욱 나약해지며, 반면에 잘되는 사람을 향해서는 괜한 증오심까지 갖게 됩니다. 지금은 풍요롭지 않으면 착해지기도 힘들어요. 최소한 사람답게 살려면 누구나 경제적인 풍요를 위해 노력해야 합니다. 바꿔 말하면 풍요는 선택이 아니라 필수라는 것입니다.

보통 우리는 돈 많은 회사 사장, 정치인, 건물주들을 독하고 나쁜 사람일 거라 여기지요. 그러나 엄밀하게 따지고 보면 정반대인지도 모릅니다. 빈곤하고 무기력한 삶, 한 번 뿐인 자기인생을 체념하고 방치하는 사람이야말로 독하고 나쁜 사람은 아닐까요?

나는 슬렁슬렁
부자가 되기로 했다

자기의 생각을 바꾸지 못하는 사람은
결코 현실을 바꿀 수 없다.

– 안와르 사다트

"이쪽으로 앉으세요. 어떻게 오셨죠?"

"신용대출 좀 알아보려고 왔어요. 여기가 주거래 은행이라서."

"네, 그러셨군요. 직장이랑 인적 사항 좀 알려주시고요, 여기 신용정보제공동의서에 사인 좀 해주세요. 조회하는 동안 잠시만 기다려주세요."

대출을 알아보러 반차를 내고 은행창구에 와 앉아 있는 내가 한심스러웠다. 이 좋은 날 휴가를 냈으면 어디라도 놀러 가야 마땅한데 이게 뭐람. 그나저나 없어 보이면 안 되겠다 싶어 친구 결혼식 날 딱 한번 입은 정장을 입었는데 이 정도면 커리어우먼처럼 보일라나….

"고객님, 죄송한데, 저희 은행에서 신용대출은 어려우실 것 같네요. 등급이 안 나오세요."

"아, 그게 직장인이면 어느 정도는 된다고 하던데요. 지금 다니는 회사에서 오랫동안 근무했고, 안정적인 회사예요. 큰 금액은 아니고 500만 원 정도인데 안 되나요?"

"금액이 많고 적고가 문제가 아니고 대출이 나가는 등급이 있는데 그 등급에 해당이 안 됩니다. 미혼이시고, 연봉도 그렇고, 그리고 신용카드 현금서비스를 많이 사용하셨네요. 어렵겠습니다."

털썩!

안 된다고 사무적으로 딱 잘라 말하는 대출계 직원이 너무나 야속했다. 내가 몇 년 동안 이 은행 카드며 통장이며(비록 지금은 마이너스지만) 얼마나 많이 써줬는데 고작 이런 대접이라니!

그건 그렇다 치고, 꼭 있어야 하는 돈인데 어디서 구한담… ㅠㅠ

.
.
.

돈 들어오는 게 뻔한 월급쟁이 신분인데, 아무 생각 없이 돈을 썼던 건 아닙니다. 코즈믹 오더링으로 경매에 넘어갈 뻔한 월세집을 내 집으로 장만하고 나서는 경제관념도 조금씩 생기고 있었고요.

하지만 철썩 같이 믿고 빌려준 500만 원을 갚는다던 상대방이 잠수를 타버렸을 때는 정말 앞이 캄캄했습니다. 내가 쓴 돈이면 억울하지나 않은데… 결국 급히 대출을 알아볼 수밖에 없었고요. 그런데 참 이상하더군요. 온 사방에 돈 빌려준다는 광고는 많은데 막상 가보면 은행에서는 작은 돈도 빌려줄 수 없다고 거절하더군요.

사람을 쉽게 믿은 자신을 책망도 하고, 부모님께 걱정 끼치고 싶지 않아 월급을 조금 더 준다는 회사로 이력서를 내 보기도 했습니다. 신용카드 다시는 안 쓴다며 카드를 모두 자르는 결단도 내려보고요(며칠 못 가서 다시 발급 받았지만;;).

그러나 이리 뛰고 저리 뛰며 회사도 옮기고 데이트도 안 하고 돈을 마련하려고 했는데 뜻대로 되지는 않았습니다. 황당하게도 버는 돈이 느는 만큼 새어나가는 돈도 생기더군요. 그럴 수밖에 없었던 게 돈을 벌어야 한다며 유난을 떨 무렵의 저는 늘 스트레스 상태였고, 몸은 여기저기 이유 없이 아팠으니까요.

그러던 어느 날, 이렇게 해서는 평생 돈에 끌려 다니기만 하겠구나… 이래서는 안 되겠다 라는 깨달음이 가슴 깊숙한 곳에서부터 일어났습니다. 그럴 때쯤 우연한 계기가 생겼고(이 책을 마치는 부분에서 이야기하려 합니다), 그 결과 돈에 대한 마인드가 바뀌면서 삶은 서서히 풍요로 돌아서기 시작했죠.

⋮

따라라라라라～ 따라라라라라라～

낯선 이국의 거리 풍경에 취해 있는데 전화벨이 울린다. 안 받을까 하다가 로밍한 폰은 발신자 부담이니까 일단 전화를 받았다.

"여보세요～?"

"혜경이야, 어디야?～ 통화 괜찮아?"

"크크, 괜찮은데 나 지금 부모님 모시고 유럽여행 와 있어. 전화요금 네가 부담해야 할 텐데 용건 있음 빨리 말하셔～."

"헐～ 팔자 좋다. 연말에 나는 매일 철야, 야근인데 이 와중에 부모님까지 모시고 해외라고?"

"응, 나는 다닐 기회가 많았는데 부모님 모시고 나온 건

첨이야. 좋다~."

"에구구 부러우면 지는 건데… 그건 그렇고 내가 소개해준 작가지망생이 너한테 우편물 보냈는데 반송됐다고 하더라고. 주소 바뀌었어?"

"어, 이사 간 걸 깜빡하고 말 안 했네~."

"너 집 샀다고 한 지 얼마 안 됐잖아. 이사는 왜?"

"아, 그 집은 세놓고 작업실 겸 넓은 집이 필요해서 큰 평수 아파트로 이사 했지. 놀러와~ 우리집 전망 근사해. 완전 좋거든."

"지지배야, 염장질 그만하구~ 바뀐 주소나 보내~ 네가 나보다 돈을 얼마나 더 잘 버는데 내가 폰요금까지 내야 하니? 이만 끊을게. 잘 놀고 와!"

"응, 한국 가서 연락할게~ ㅎㅎ"

네, 저는 지금 감사하게도 아주 풍요로운 생활을 하고 있습니다. 아파트, 단독주택 등 제 명의의 집도 여러 채 소유하고 있고, 광고에서 보고 한눈에 반했던 새 차를 장만해서 타고 다닙니다. 바다가 보이는 별장 같은 아파트를 렌트해서 상당한 금액을 월세로 내면서도 여유로운 생활하고 있습니다.

무엇보다 직장인 신분에서 벗어나서 이제는 작가이자 작은 출판사의 사장으로 내가 하고 싶은 일에 매진할 수 있게 되었습니다. 사고 싶은 것, 먹고 싶은 것, 큰 구애 안 받고 마음 편히 돈을 씁니다. 해외여행도 시간이 허락하는 한 얼마든지 갈 여유가 생겼습니다. 대출들은 다 갚았고, 통장의 잔고는 매일 조금씩 불어나고 있고요.

　짧은 시간 동안 어떻게 이런 소설 같은 변화가 가능했을까요? 짭짤한 부수입이 되는 투잡이라도 뛴 걸까요? 아니면 주변에 빈대행세를 하며 악착같이 돈을 모은 걸까요?

변화는 그렇게
시작되었다

얼굴을 아주 맑은 거울에 비추어 보듯
의식의 거울에 자신을 비추어볼 수만 있다면,
그리고 어떤 판단 분별이나 비난도 없이 이 반영을 관찰한다면
자신에게 놀라운 변화가 일어나는 것을 경험할 수 있습니다.

– 안소니 드멜로

인식이 바뀐다는 것, 때로는 믿기 어렵지만 오직 그것이
변화의 전부인 경우가 많습니다.

저는 가장 먼저 현재 내가 누리고 있는 풍요를 세어보기
시작했고, 그 다음으로는 마음의 금지를 하나씩 해제해 나갔
습니다.

'~를 하면 안 돼, ~는 무리야, ~를 가질 수 없어, ~는 나
한테 비싸'라는 말들을 의식적으로 바꿔갔죠. 그리고 어떻게
하면 돈을 벌 수 있을까? 대신 어떻게 하면 돈을 가치 있게
쓰고 행복해질 수 있을까?를 고민하기로 했습니다. 돈으로
상처받은 기억은 EFT¹Emotional Freedom Technique(정서자유기법)를

통해서 수시로 지워나갔습니다.

특히 돈과 친해지기로 결심하고 은행(금융기관)에서 받은 상처를 집중적으로 지웠습니다. 그럴 수밖에 없던 것이 하루에도 몇 번씩 신용카드를 쓰고, 돈을 송금하고 받는 등 일상의 모든 금전 거래를 은행을 통해야 하는데, 은행이 싫고 거부감이 느껴져서야 돈과 친해질 수가 없으니까요.

부자라면 어떻게 생각할까? 은행에서 연락이 오면 옳거니 내 돈을 불려줄 좋은 투자꺼리가 있겠구나 하며 좋아하지 않을까? 나도 은행에서 연락이 오면 신나고 즐거운 기분이 되도록 하자! 그러려면 더나은카드사에서 내 카드를 정지시킨 기억, 더드림은행에서 필요한 돈을 대출받지 못한 기억 모두 지워야겠지. 대신 '나는 더드림은행에 잔고가 5억 이상이고, 우대금리를 받는 VIP고객이 된다'라는 확언 Affirmation(긍정적인 내용의 형태로 진술하는 자기암시문구)으로 대체하도록 하자.

그런데 긍정확언과 심상화는 처음에는 그리 만만치 않았습니다. 현재 결핍감이 심한 상태에서 "나는 100억 부자가 된다. 나는 로또에 당첨된다"식으로 무작정 확언을 하려니 내면에서 반발심이 심하게 올라왔지요. '에계~ 지금 이 모

양이 꼴인데 무슨 수로 100억 부자가 된다는 거야? 로또는 아무리 사도 꽝 아니면 5등이었잖아!' 하는 식으로요. EFT 도 열심히 했지만 잠재의식에 저장된 수많은 부정적인 기억들을 무슨 수로 다 지워내지? 하며 체념하는 마음이 들기도 했습니다.

"이런다고 해서 될까…."

고민을 하던 끝에 이 책의 맨 뒤에 다시 적겠지만 한 인생 선배와의 우연한 만남에서 작은 깨달음을 얻었고, 그 길로 돌아와 일기를 적으면서 슬렁슬렁 풍요노트를 만들게 되었습니다. 내가 평소에 쓰고 누리는 것들에 대해 "감사해" "행복해" 긍정적인 감정을 느끼면서 확언과 심상화를 하니 잠재의식의 반발감이 올라오지 않더군요. 그래서 더 신나게 풍요노트를 적어나갈 수 있었습니다.

기억을 지우고 내가 누리는 풍요를 인식하면서 기회의 문이 활짝 열렸고, 마음의 금지를 해제하면서 모든 것이 자유로워졌습니다.

뭔가를 하지 말라고 금지하면 할수록 더 하고 싶어지는 게 사람 심리지요. 그렇기에 돈 쓰지 마! 사면 안 돼! 라고 억압하면 더 쓰고 싶어지는 게 우리 마음이랍니다. 그래서 저는 욕구를 자연스럽게 인정하기로 했습니다. 써야 할 곳에는 기쁘게 지출하고, 지출의 긍정적인 면에 주목하기로 했습니다.

평소에 질문하는 방법을 바꾼 것도 큰 변화였습니다. 사람은 누구나 질문을 받으면 반사적으로 답을 하려고 합니다. 어떻게 하면 잘 쓸 수 있을까?라는 질문에는 나에게 이미 쓰고 싶은 만큼 돈이 있음을 전제로 합니다. 그래서 올바른 질문이 중요하다고 하는 것이죠.

이 모든 내용들을 매일 머리로만 기억하면 실천을 안 할 때도 있어서 처음에는 빈 노트에 적기 시작했습니다. 꾸준히 쓰다 보니 나름대로 효과적인 규칙과 방법이 생겼고 그것이 모여 '슬렁슬렁 부자되는 풍요노트'라는 결과물이 되었습니다.

올바른 질문이 올바른 답을 만든다

당신의 진짜 실수는 대답을 못 찾은 게 아니야.

자꾸 틀린 질문만 하니까 맞는 대답이 나올 리 없잖아~

왜 이우진은 오대수를 가뒀을까? 가 아니라,

왜 풀어줬을까? 란 말이야.

자, 다시! 왜 이우진은 오대수를 딱 15년 만에 풀어줬을까?

인용한 문구는 영화 〈올드보이〉에 나오는 유명한 대사입니다.

보신 분들은 알겠지만, 이우진이 오대수를 왜 가뒀을까? 보다는 이우진이 오대수를 왜 풀어줬을까?라는 물음이 영화의 키워드라고 할 수 있는데요.

'어떻게 하면 돈을 잘 쓸 수 있을까?'라는 질문과 '어떻게 하면 돈을 잘 벌 수 있을까?'라는 질문은 비슷해 보이지만 확연히 다른 내용입니다.

사람은 본능적으로 질문을 받으면 답을 하려는 성향이 있습니다. 우리의 뇌가 입력-출력 시스템으로 이루어진 컴퓨터와 비슷한 구조이기 때문일 수도 있고, 질문에 답을 안 하면 무례한 사람이 되는 사회 통념 때문인지도 모르고요.

질문을 받으면 반사적으로 답을 하려는데, 질문이 명확하지 않으면 뭐라고 해야 할지 혼란스러운 경우가 생깁니다. 가끔 수능시험에서 정답이 여러 개인 문제가 출제되면 수험생들과 부모님들이 난리가 나듯이요.

따라서 질문과 답의 관계는 참으로 긴밀하고, 무엇보다 자기계발적인 측면에서도 정확한 질문이 정확한 답을 이끌어낸다는 것에 주목할 필요가 있습니다. 이 내용이 《왜 나는 하는 일마다 잘 되지?(정신세계사)》라는 책에는 '의문형 확언'으로 소개되기도 했습니다. 즉,

| 왜 선배는 늘 나만 갈구지? | 왜 나는 물만 먹어도 살이 찌지? | 왜 나는 노력해도 되는 게 없지? | 왜 나는 친구가 없지? | 왜 나는 매번 남자한테 차이지? |

이런 질문을 하면 우리의 뇌는 이 부정 질문에 대한 부정형 답을 내어줍니다.

| 내가 일처리가 느려서 | 내가 저질 체력 이라서 | 내 머리가 나빠서 | 내가 성격이 외골수라서 | 내가 매력이 없어서… |

여기서 질문은 긍정형으로 해야 되는데 긍정형 질문이 와 닿지 않는다면 '왜' 질문보다는 '어떻게' 질문을 활용하는 편이 훨씬 좋답니다. 그러면 다음에 나오는 예시처럼 됩니다.

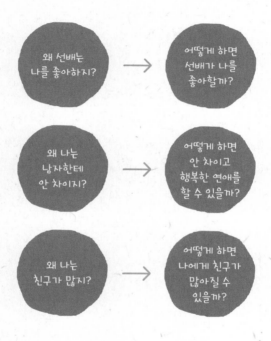

왜 선배는 나를 좋아하지? → 어떻게 하면 선배가 나를 좋아할까?

왜 나는 남자한테 안 차이지? → 어떻게 하면 안 차이고 행복한 연애를 할 수 있을까?

왜 나는 친구가 많지? → 어떻게 하면 나에게 친구가 많아질 수 있을까?

다른 사람한테 질문할 때도 같은 방법으로 합니다. 예를 들어 약속시간에 상습적으로 늦는 친구한테 "넌 왜 매번 약속시간을 어기는 거야?" 하면 친구는 늦을 수밖에 없는 이유와 변명을 서너 개 이상 댈 수 있다는 것이죠. 그럴 때는

거꾸로 "어떻게 하면 제시간에 올 수 있겠니?"라고 물어보는 게 훨씬 유익합니다. ㅎㅎ

그 유명한 페이스북도 "어떻게 하면 학교 친구들이 만나지 않고도 서로 관심사를 공유할 수 있을까?"라는 질문 하나에서 출발했다고 합니다.

나아지겠다는 의도는 있는데 생활이 맴돌이를 하는 것 같고 눈에 띄는 발전이 없다고요? 그렇다면 자신이 습관적으로 어떤 질문을 하는지 살펴보고, 바꾸어야 합니다. '왜 나는 이렇게 돈이 없을까', '왜 나는 이렇게 무능할까' 하는 말들은 풍요를 멀어지게 하는 결과를 불러오니까요.

2부

슬렁슬렁 부자되는

풍요노트 배우기

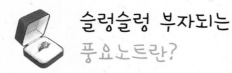

슬렁슬렁 부자되는 풍요노트란?

'슬렁슬렁 부자되는 풍요노트'는 과연 무엇일까요?

슬렁슬렁 부자되는 풍요노트는 줄여서 한 문장으로, '노트에 자신이 바라는 풍요를 특정한 형식으로 적음으로써 목표하는 경제적 풍요를 빠른 시간 내에 이루는 자기창조 기법'입니다.

글쓴이는 내가 가진 능력과 범위 내에서 어떻게 하면 가장 쉽고 빠르게 최대한의 경제적인 풍요를 끌어올 수 있을까를 고민했고, 그 결과물로 풍요노트가 만들어지게 되었습니다.

풍요노트는 단순한 노트법 그 이상입니다.

풍요라는 단어는 '부자' 그 이상의 의미를 담고 있습니다.

오직 3명만이 자신의 꿈을 글로 적는다.
예일대 졸업생 중 3%만 꿈과 목표를 글로 적었고
나머지 97%는 그렇지 않았는데
20년 후 목표를 적은 3%가 전체 부의 97%를 누리고 있었다.

— 《꿈꾸는 다락방》 중에서

경제적으로는 부자일지 몰라도, 마음은 풍요롭지 못한 사람이 많습니다. 재벌이라고 해서 예외는 아니지요. 또 마음이 풍요롭지 못 하면 현실적으로 빈한할 확률도 높습니다. 풍요의 시작은 '마음', '의식'이며 슬렁슬렁 부자되는 풍요노트는 부자가 되기 위해 필요한 가장 기본적인 태도, 긍정적인 마음의 힘을 길러 현실의 변화로 이어지게 합니다.

풍요노트가 제게 가져다준 풍요는 액수로 치면 거의 억대에 이릅니다. 어떻게 그게 가능하냐고요? 믿기 어렵겠지만 이제부터 그 방법을 하나씩 설명하려고 합니다.

풍요노트 쓰는 법

풍요노트는 아주 쉽고 간단합니다. 쓰는 순서는 다음과 같습니다.

1. 경제적인 풍요, 즉 구체적인 금액을 우주에 주문합니다.

- 나는 2016년 7월 안에 8,000만 원이 생기는 것을 우주에 주문하고 허용합니다.

2. 경제적 풍요를 주문한 다음날부터 가계부, 다이어리, 수첩 중에서 아무거나 자신에게 편한 기록장을 택하여 그날그날 경험한 경제적 풍요를 적습니다. 사소한 것도 모두 적습니다(사소한 걸 적는 거라서 메모가 필요합니다. 다 기억하기 힘드니까요).

중요한 것은 지출을 쓴다는 것입니다. 대출금을 갚은 것부터 단순히 물건을 구매하는 데 쓴 돈도 구입하면서 기분이 좋았다면 풍요입니다. 또 돈으로 살 수 없는 귀한 위로, 격려, 애정표현을 받은 것도 나름대로 값어치를 매겨 적어봅니다.

주의점은 절대로 마이너스 항목은 적지 않는다는 것입니다. 풍요노트에는 오직 플러스 항목만 있습니다. 마이너스는

• 금액 : 8,000만 원　　• 주문 도착 기한 : 2016년 7월 31일

| Daily 중요 입금액 |

머니 통장

• 엄마가 사주신 밥솥	+ 150,000원
• 이사 올 세입자가 선물한 음료수 세트	+ 17,000원
• 이번 달 수입	+ 3,500,000원
• 이달 대출금 갚음	+ 500,000원
• 소셜커머스에서 영화 티켓 구입하고 절약한 돈	+ 9,000원
• 프라이팬 세트 안 사서 100% 할인	+ 150,000원

감정 통장

• 거래처에서 일 잘한다고 칭찬받음. 감사 ㅋㅋ	+ 500,000원
• 남친 주중 하루 휴무 드라이브 가기로 약속 ^^	+ 500,000원
• 외모노트: 렌즈 안 껴도 반짝반짝 빛나는 예쁜 내눈에 감사	+ 1,000,000원
• 우연히 들른 커피집 사장님과 동성명 단골집하기로 인맥+1	+ 100,000원

시간 통장

• 피부과에 들렀는데 환자가 없어서 안 기다리고 바로 진료봄	+ 10,000원
• 도서관에서 필요한 자료를 빌릴 수 있었음	+ 100,000원

Daily 합계	6,536,000원
목표 잔액	73,464,000원

저금 항목

1 × 3의 법칙	윗집에서 아이들이 시끄럽게 뛰는데 참고 넘어갔다. (30,000 × 3 = 90,000)	+ 90,000원
없어서 감사	미혼이고 아직 아이가 없어서 자유로운 시간을 쓸 수 있다.	+ 3,000,000원

목표금에서 빼는 계산을 할 때만 사용합니다.

3. 여기서 매일 경제적 풍요를 경험하는 게 가능할까?라는 의문을 가지기 쉬운데 예시를 참고해주세요.

- 3월 15일, 친구가 커피 마시라고   + 4,000원
  기프티콘을 쏴주었다
- 3월 16일, 배달시켜 먹은 자장면 쿠폰   + 15,000원
  20개가 완성되어 탕수육 중 세트를 공짜로 먹었다!
- 3월 17일, 소셜커머스에서 반값 쿠폰으로   + 30,000원
  정상가 50,000원의 공연을 20,000원에 관람했다!
- 3월 18일, 남친이 키스 10번을 해주었다   + 100만 원
- 3월 19일, 담보대출금 50만 원을 냈다   + 50만 원

이렇게 실제로는 지출한 금액이 있더라도 얼마를 할인받고 얼마를 이득 보았나에 집중합니다.

4. 처음에 의도한 풍요 목표금액에서 매일 얼마씩 달성되어 가는지를 확인합니다.

이 기본 양식이 앞에 나온 그림 파일입니다. 실제로 자동으로 계산이 되는 엑셀 파일은 **우주 택배를 받고 소원을 이룬 사람들 카페**(cafe.naver.com/cosmicordering)에서 다운받으실 수 있습니다.

처음에 이 노트를 쓰면서 느낀 점은 내가 얼마나 많이 받고 사는 사람인지 몰랐구나! 라는 것이었습니다. 한 달 동안만 해도,

- 공짜 영화표가 3번   + 27,000원
- 공짜 책이 2권   + 22,000원 + 15,000원
- 공짜 음료권 2회   + 8,500원
- 식사 대접 받음 3회   + 45,000원
- 커피 대접 받기   많음
- 주유 할인   + 5,000원
- 소셜커머스 할인, 남친 뽀뽀 등등

여기에 급여 등과 합치면 금액은 놀랄 정도였습니다. 전혀 예상하지 못했던 수입도 생기곤 했습니다. 예를 들어 5,000만 원이 생기는 것으로 목표로 잡고 시작했을 때는, 은행 대출이 해결되어 갑자기 4,000만 원이 생기기도 했습니다. 이사 문제로 꼭 필요한 돈이었지만 빌리기에는 큰돈이라

서 과연 대출이 될까 걱정했는데 의외로 쉽게 해결되었죠. 1,000만 원은 풍요노트에 적은 풍요목록으로 해결되었고 나중에 결산할 때 실제로 내가 누린 풍요액수는 5,000만 원을 훨씬 넘는다는 것을 알게 되었습니다.

이런 식으로 풍요노트를 적다보면 감사가 저절로 생겨납니다. 특히 지출의 경우에도 할인받은 부분, 저렴하게 얻은 부분은 이득으로 계산하기 때문에 부정적인 감정에서 벗어날 수 있습니다. 매일 조금씩이라도 목표금액이 점점 마이너스가 되니 거기에서 또한 성취감을 느낄 수 있고요.

풍요노트가
부를 끌어오는 비결은?

1분마다 우리 인생을 바꿀 수 있는 기회가 찾아오지.

— 영화 〈바닐라 스카이〉 중에서

처음 풍요노트의 내용을 접하고 가장 먼저 생기는 궁금증은 어떻게 슬렁슬렁 부자가 된다는 것일까? 라는 부분이겠죠. 흔히 우리 생각으로는 죽기 살기로 매달려도 늘 주머니 사정이 빠듯한데 노트 좀 적는다고 대체 무슨 수로? 라는 의문이 생기는 거지요.

여기에서는 슬렁슬렁 풍요노트가 어떤 식으로 풍요를 끌어오는지 그 원리를 설명하겠습니다.

풍요노트와 뇌과학

무슨 일이든 사람 일은 얼마나 신이 나서 재밌게 하느냐? 하는 부분이 성공과 실패를 결정합니다. 이런 점에 착안한 풍요노트는 기계적으로 돈을 계산해서 적는 게 아니라, 풍요 항목에 적은 금액에서 기쁜 감정을 누리는 게 핵심입니다. 일반적인 가계부는 쓰기도 어렵지만 쓰면서 기분 좋고 감사한 경우는 거의 없습니다. 스트레스가 심하지요. 그래서 풍요노트에는 처음부터 부정적(마이너스) 항목은 아예 없습니다(중요함).

돈을 쓰는 것도 신나고, 재밌고, 이렇게 감사할 게 많았네? 하며 느끼는 그 단순한 기쁨이 풍요노트를 꾸준히 쓸 수 있게 만들어줍니다. 왜냐하면 사람의 뇌는 보상을 강력히 원하는 기관이기 때문입니다. 진하고 부드러운 치즈케이크, 생크림 잔뜩 얹은 프라푸치노, 달달한 커피믹스 등… 이런 것들을 왜 좋아할까요?

고칼로리의 음식을 먹으면 뇌에서 베타엔돌핀이라는 호르몬이 방출됩니다. 베타엔돌핀은 기쁜 감정을 느낄 때 나옵니다. 운동을 할 때도 나오고요. 한마디로 쾌감과 관련된 호르몬이지요. 막 연애를 시작하면 끼니를 걸렀는데 그 사람만 봐도 배부른 것 같은 증상(시간 지나면 무효화^^)도 베타엔돌핀 때문입니다. 몇 달 동안 알바해서 모은 돈으로 갖고 싶었던 명품가방이나 최신의 노트북이라도 확- 질렀으면? 그때도 베타엔돌핀이 슝슝 방출됩니다.

뇌는 보상을 강력히 요구하는 기관이기 때문에, 베타엔돌핀이 나올 수 있는 긍정적인 상황을 자꾸 만들려 하게 됩니다. 결론적으로 풍요노트에 돈을 쓰는 즐거움, 감사한 일들, 원하는 걸 소유하고 누리는 기쁨 등을 기록하면서 베타엔돌핀을 방출시키면 우리의 뇌는 아하- 이것 참 즐겁다. 계속해서 돈을 끌어당겨야겠구나! 하며 스스로 동기부여를 한다는 것입니다.

반대로 악착같이 안 쓰고 모으는 데 집중하면 뇌는 돈을 힘들고 고통스러운 대상으로 정의해 버립니다. 어떻게 잘 쓰고 쓰면서 즐겁게 느끼느냐에 초점을 맞추어야 뇌도 돈 버는 일을 즐겁게 느끼고 열심히 버는 쪽으로 가동됩니다.

풍요는 자연법칙을 따른다

많은 영성서적에서 공통으로 말하는 부분 중 하나는, 풍요는 자연적이라는 것입니다. 자연과 우주는 인간에게 무한에 가까운 자원을 허락해주고 있습니다. 따라서 풍요를 누리는 것 또한 숨 쉬는 것처럼 자연스러운 일이라고 할 수 있으며 풍요 또한 자연법칙의 적용을 받습니다.

자연법칙은 몇몇 사람에게만 적용되는 것이 아닙니다. 되었다 안 되었다 하는 것도 아닙니다. 자연법칙이라 함은 중력의 법칙처럼 예외가 없다는 뜻입니다.

자연법칙의 첫 번째 원리로 감사는 원하는 것을 끌어오는 성질이 있습니다. 그래서 풍요노트는 감사와 긍정이 기본 바탕입니다.

'스노우볼Snowball 효과'라고 들어보셨나요? 겨울에 눈을 뭉쳐 눈사람을 만든다고 생각해보세요. 처음에 눈을 모아 손으로 꾹꾹 눌러 작은 눈덩이를 만들고, 그 작은 눈덩이를 눈밭에 데굴데굴 굴리면 눈이 점점 뭉쳐져 마침내 커다란 눈덩어리가 됩니다. 큰 산에서 눈사태가 나는 원리가 이것이랍니다. 풍요의 성격도 딱 이와 같지요.

흔히 재테크의 가장 기초를 500만 원이든, 1,000만 원이든 종자돈을 만드는 것이라고 하지요. 돈은 처음에 어느 정도 덩어리 금액을 만드는 게 어렵지, 일단 종자돈이 만들어지면 그 다음부터는 돈이 돈을 끌어오는 경향이 있습니다.

같은 원리로 풍요노트도 아주 시시한 것부터 적기 시작합니다. 슬렁슬렁~ 내가 애쓰지 않고도 받아 누리는 풍요를 적다보면 날이 가면 갈수록 풍요의 단위가 점점 커지는 걸 경험할 수 있어요.

글쓴이는 슬렁슬렁~ 하면 떠오르는 연예인이 버스커버스커의 장범준 군입니다. 장범준 군이 슈퍼스타K의 오디션을 볼 때 "내가 꼭 우승을 해야 하는 이유는?"이라는 질문지에 "우승은 못 해도 괜찮습니다. 나는 즐기기 위해 노래합니다."라고 적었다고 합니다. 참 멋집니다.

입장을 바꿔 생각하면 이해가 쉽겠지요. 여러분도 어떤 사람을 볼 때 꼭 해야 돼, 이거 없음 나 죽어버릴래! 하는 독한 사람보다 슬렁슬렁 안 되도 괜찮아~ 그냥 즐기자~ 하는 사람에게 더 끌리지 않나요? 돈이 사람을 찾아갈 때도 아마 그렇지 않을까요?

돈은 돈을 끌어옵니다. 풍요로운 마음과 감사는 역시 풍요로운 환경을 끌어옵니다. 이는 예외가 없습니다. 자신이 실천 하느냐 마느냐의 차이만 있을 뿐입니다.

최소 노력의 법칙

최소 노력의 법칙은 '최대 노력의 법칙'의 반대입니다. 최대 노력의 법칙은 글자 그대로 할 수 있는 한 최대로 노력해야 한다는 뜻입니다.

뭔가 결과를 낼 때 흔히 하는 비유로 '물 끓는 온도 100도' 를 종종 말합니다. 물은 98도, 99도가 아닌 정확히 100도에서 끓으니까 그만큼의 노력은 해야 된다는 의미입니다.

한편으로 이 말은 물을 끓이기 위해서는 딱 100도가 되는 만큼의 열에너지만 있으면 된다는 뜻입니다. 굳이 120도, 130도, 한 시간, 두 시간만큼의 에너지는 필요치 않습니다. 그런데 대부분 우리는 무언가 일을 할 때, 노력을 많이 하면 할수록 좋다고 생각합니다(TV나 매체 등에서 죽을 만큼 노력한 사람들의 이야기를 지나치게 미화하고 찬양한 영향이 큽니다).

커트라인 70점만 넘으면 절대평가로 합격하는 시험이라면, 70점을 맞건 90점을 맞건 자격증은 똑같이 나온다는 것이죠. 그렇다면 70점 정도는 충분히 맞을 만큼만 공부하고, 나머지 시간은 다른 자격 공부를 하는 게 더 효율적이지 않을까요?

운동도 많이 한다고 무조건 좋은 건 아니라고 하죠. 필요 이상 많이 하면 관절도 상하고, 회복도 어렵고, 부상의 위험성도 커집니다.

이를 풍요노트에 적용해보도록 할까요?

자신이 목표로 하는 경제적 풍요의 구체적인 금액과 기한을 미리 적고, 내가 누리는 풍요를 경제적 가치로 환산해서 목표금액에서 계속 마이너스 해가는 것이 최소 노력의 법칙입니다.

이것은 바로 잠재의식에 '이미 벌어놓고 시작하는 게임'임을 알려주는 것입니다. 그러면 잠재의식이 목표한 풍요를 갖고 올 방법을 계속 마련해주게 됩니다.

적어가는 과정 중간에 더 빨리 경제적 풍요가 이뤄질 기회가 생기면 그를 실천합니다(생각도 못한 알바 연락이 왔다던가, 선물이 들어온다던가, 티켓이 생긴다던가). 무엇보다 중요한 건 기회가 생기면 사양하지 않고, 잽싸게 받아들이는 것입니다. 그야말로 허용하기의 지혜가 필요한 부분이죠.

없어도 괜찮아~ 안 해도 괜찮아~ 이런 말은 뚝!

나 필요해, 그거 줘, 고마워, 감사해, 내가 받을게!

이런 마음가짐으로요. 자기 자신을 먼저 잘 대접하는 사람이 세상도 잘 대접할 수 있기 때문입니다. 실제로 한 독자님은 나를 잘 대접하겠다 마음먹고 나서 운영하는 쇼핑몰의 매출이 평소보다 20% 이상 늘었다고 전해왔습니다.

기록은 글로 쓰는 심상화

글쓴이가 다년간에 걸친 배움과 경험을 통해 확실하게 내린 결론 한 가지가 있습니다. 그것은 '손을 움직이면 잠재의식이 깨어난다'입니다. 그런데 기록을 해야 한다면 귀찮거나 부담스럽게 느끼는 분들이 많은 걸 압니다. 자주 받는 질문 가운데에도 '목표를 꼭 글로 적어야 하나요?'라는 질문이 있을 정도니까요.

글로 쓰는 게 더 효과적인 데에는 특별한 이유가 있습니다. 그것은 바로 많은 분들이 늘 궁금해하는 '심상화 visualization(시각화)'와 관련된 부분입니다.

많은 자기계발 방법론에서 우주에 원하는 걸 주문할 때 심상화를 활용하라고 조언합니다. 우리의 뇌는 현실과 생생한 상상을 구분하지 못하니까요. 이렇듯 잠재의식과 소통하는 방법 중의 하나가 '시각 정보(이미지)'입니다. 사람은 오감(시각, 청각, 후각, 촉각, 미각)을 통해서 환경에 대한 정보를 받아들이고 뇌가 그것을 처리하는데, 가장 많은 부분을(70% 이상) '시각'에 의존합니다.

영어로 시각을 뜻하는 'Vision'이 한편으로 목표라는 의미를 가지듯이(너는 '비전'이 무엇이니?), 잠재의식은 그것이 구체적인 형상을 가지고 눈에 보여야 목표로 인식합니다. 그래서 시각화를 통해서 잠재의식에 내가 원하는 것의 이미지를 반복해서 보여주면 잠재의식이 자극받아 그를 성취하려 움직이는 것이죠.

영단어를 외울 때 눈으로 보고 마는 것과 소리 내어 읽고 손으로 직접 써보는 것은 현저한 차이가 있죠. 마찬가지로 우리가 목표를 정하고 그를 위해서 두뇌를 가동하는 방법 역시 손으로 쓰는 것 만한 게 없습니다.

그리고 글로 쓰는 게 좋은 이유는 일단 글로 쓰면 기록으로 남아 목표를 더 자주 눈으로 확인할 수 있기 때문입니다. 자주 눈에 보이니까 잠재의식이 이 목표를 자연스럽게 받아들이게 됩니다.

풍요의 3단계

바람직한 풍요에 이르기까지는 3단계의 변화과정이 있습니다.

　　1단계. 가난해서 절약하는 단계

　　2단계. 있으니까 소비하는 단계

　　3단계. 필요한 곳에 쓰고 나머지는 절제하는 단계

이렇게 3단계이며 각 단계별 키워드는 절약, 소비, 절제입니다.

　　1단계는 돈이 없으니까 아껴야 한다는 생각으로 절약하는 단계입니다. 무의식적으로 아껴야 해! 하면서 돈을 쓸 때마다 스트레스를 받고 위축되지요. 돈에 관한 마인드가 바뀌기 전까지 대부분 일반 서민들의 상태가 이렇습니다.

　　2단계부터는 돈이 쓸 만큼 생기기 때문에 마음 편히 소비를 할 수 있게 됩니다. 풍요의 관념이 바뀌면서 써도 돈이 생긴다는 걸 알고 쓴다는 게 나쁜 일이 아니라는 걸 알면서부터 지출에 좀 더 자유로워집니다. 한 가지는 여기서 시험에 빠질 수가 있는데요, 1단계의 가난에서 벗어나 풍요로움이 시작되면 그동안 참았던 것을 한꺼번에 터뜨리는 경우입니다. 가장 쉬운 사례로 로또 당첨 후 패가망신이 될 수 있지요.

돈을 다룰 수 있는 능력이 갖춰지지 않은 상태에서 갑자기 많은 돈이 생기면 혼란에 빠지게 되는데요, 돈만 있으면 벤츠도 타고, 남태평양으로 여름휴가도 가고, 명품관에서 샤넬, 에르메스 팍팍 질러주리! 하는 식으로 지내다 보면 과한 쇼핑중독에 빠지거나, 돈을 목적으로 다가오는 사람들에게 사기를 당하는 경우가 생깁니다.

즉 여기서 자칫 잘못하면 다시 1단계로 내려갈 수 있고, 그렇기에 실제로 1단계와 2단계를 오락가락 하는 분들이 상당히 많습니다. 벌었다가 망하고 또 재기하는 일을 반복하는 분들이 여기에 해당될 수 있습니다. 풍요에 관한 관념이 내면에서부터 변화하지 않으면 시험을 계속 겪겠지요.

가장 중요한 3단계입니다.

사람이 부족해서 허덕일 때는 그렇게 하고 싶고, 갖고 싶지만 막상 가져보면 그 감흥이 그리 오래가지 않습니다. 적응의 동물이기 때문에 그렇지요(연애 같은 뜨거운 인간관계도 그 비슷합니다). 최신형 IT 기기나 200평의 전원주택, 좋은 차, 명품가방… 등등.

정말로 저도 약소하게나마 경험했지만 소유의 기쁨은 잠

시잠깐이고, 곧 맹숭맹숭한 상태가 됩니다. 여기까지가 2단계 말기의 현상이구요.

3단계로 넘어가면서 중요한 정신적 성장이 일어납니다. 시야가 넓어지는 거지요. 1단계에서는 돈만 보인다고 하면, 2단계에서는 돈과 내가 보입니다. 3단계가 되면 시야가 더 넓어져서 돈과 나와, 내 옆 사람이 보입니다.

우주는 무한히 풍요롭다고 하지만, 지금 지구에 매장되어 있는 석유는 100년 이내로 바닥이 납니다. 우리가 죽을 때까지야 맘 놓고 써도 되겠지만 우리가 낭비하면 자손들은 다시 말을 타고 다녀야 할지도 모르죠. 나는 싸다고 사서 한 철 입고 버리는 옷인데, 아프리카에서는 그 옷 한 벌도 없어 벌거숭이로 지내는 사람이 많습니다.

서구에서는 많이 먹고 다이어트를 해야 한다며 난리굿인데, 지구 반대편에서는 굶어 죽어가는 사람들도 있지요.

그래서 3단계의 풍요에 이르면 자연스럽게 절제하는 태도가 나타납니다.

음식도 과하게 먹지 않고, 소비나 지출 또한 2단계보다도 과하지 않습니다. 큰 부자들의 외모를 잘 살펴보세요. 비만일 정도로 뚱뚱한 사람도 없고, 지나치게 화려한 사람도 없습니다.

물질적 풍요로 채우는 욕망이라는 건 한계가 있다는 걸 깨닫는 것이지요.

나, 가족, 내 자녀, 내 부모님, 내 이웃, 지역사회, 지구…

자신이 누리는 풍요롭고 무한한 자원이 모두가 함께 공유해야 할 자산이라는 것을 느끼게 됩니다. 이때부터는 저절로 나눔이나 기부에도 관심을 돌리게 되고, 사회적인 문제에도 관심을 갖게 됩니다. 이른바 '노블리스 오블리주'도 이 단계에서 가능합니다.

절약과 절제의 차이가 헷갈릴 수 있는데 절약은 환경 때문에 하기 싫어도 해야 하는 것이고, 절제는 내가 차고 넘침이 있는데도 자발적으로 조절할 줄 아는 것입니다. 할 수 있는데 오히려 하지 않는 것이 절제의 능력이지요.

사람마다 풍요의 단계는 고정되지 않고 1과 2단계, 2와 3단계 사이를 수시로 오가게 됩니다. 독자님들이 부자가 되어 3단계에 오래 머무를 수 있도록 하는 것이 이 책을 쓴 글쓴이의 바람입니다.

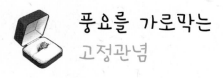

풍요를 가로막는
고정관념

본격적인 노트법을 설명하기 전에 잠시 살펴보고 넘어갈 부분이 있습니다. 그것은 바로 '풍요'라는 단어의 참뜻입니다.

풍요를 다시 정의하자

우선 이 자리에서 풍요의 정의부터 다시 내려보도록 할게요.

하루 삼시세끼 밥이나 안 굶고 살면 그게 풍요라는 분도 있겠고, 풍요라 하면 적어도 중동 어느 산유국의 왕자 정도는 되어야 한다는 분도 있을 겁니다. 이렇게 풍요의 기준은 사람은 버는 만큼 쓰기 마련이며, 그렇게 소비할 때 고용을 창출하게 된다.
이런 견지에서만 보면 진짜 악당은 수입을 저축하는 사람이다.
속담에 나오는 프랑스 농부처럼 모은 돈을 양말 속에다 집어넣기만 하면
그 돈은 아무 소용이 없다.

— 버트런드 러셀

사람마다 다릅니다.

그렇다면 독자님들이 원하는 풍요란 과연 어떤 수준인 가요?

예를 들어봅시다. 연봉은 한 1억쯤 되는데 아침 6시 출근, 밤 12시 퇴근해서 늘 녹초가 되는 회사와, 연봉은 좀 작아도 아침 10시쯤 출근해서 눈치 안 보고 일하다가 6시면 땡 퇴근해서 내 시간 갖는 회사…

둘 중에 선택해야 한다면 어느 쪽인가요?

글쓴이의 개인적인 관점과 가치관으로는 인생은 유한하기 때문에(아주 장수해도 120살, 시간이 정해져 있으니까요) 아

무리 돈을 많이 준대도 하루의 대부분을 보내는 일터에 나가는 것이 죽기보다 싫고, 직장 동료들이 짜증나고 매일 전쟁터 같은 회사라면 사절입니다.

마찬가지로 목표한 경제적 풍요를 이루는 데 못 먹고, 못 쓰고, 반찬은 간장에 김치 한 조각, 옷 한 벌로 사계절을 나면서 10년 동안 고생해서 1억 만든다?

저라면 그렇게는 안(못) 한다는 거죠. 돈 때문에 그렇게 산다면 돈을 모으는 시간 동안 그 사람의 인생이 너무 아깝지 않을까요? 그런 사람을 정말 풍요로운 사람이라고 할 수 있을까요?

30대의 젊은 나이에 백만장자가 된 미국의 사업가 엠제이 드마코MJ Demarco는 그의 책을 통해 이런 말을 했습니다.

"(돈을 모아) 천천히 부자가 되겠다고 한다면 당신이 기다리는 빛나는 내일은 40년 후에나 올 수도 있다. 그 빛나는 내일은 당신이 73세 치매노인이 되어 냄새 나는 침대 위에 누워 있을 때쯤 올지도 모른다."

게다가 10년 동안 아무 일이 없어야 계획대로 돈이 모일 텐데 행여 교통사고가 난다거나, 갑작스럽게 직장을 그만두

게 되어 수입이 끊기면 계획이 틀어집니다. 이런 예측할 수 없는 장래의 불특정한 사건까지 모두 통제할 수 있는 사람은 없습니다.

저는 풍요노트를 본격적으로 쓰기 시작하면서부터 지금까지 안 먹고, 안 쓰고, 아끼고, 개고생해서(?) 부자되기 이런 것을 목표로 삼지 않았습니다.

거꾸로 어떻게 하면 잘 먹고, 잘 쓰고, 잘 놀러 다니고, 주위에 베풀면서도 내가 원하는 경제적인 풍요를 누릴 수 있을까?를 고민하고 우주에 요청했지요. 그 결과 시간차는 있지만 처음에 세운 목표(내 집 마련, 월수입 등)는 대부분 다 이루어졌고요.

세상의 선입견대로 성공하고 돈 벌려고 악착같이 죽을 둥 살 둥 하지 않아도, 슬렁슬렁 풍요를 누리고 경제적인 목표를 충분히 달성할 수 있음을 경험했기에 그 이야기를 독자님과 공유하는 것입니다.

여태껏 갖고 있던 경제관념은 적어도 이 책을 읽는 동안만이라도 잊어버리세요. 이전까지 갖고 있던 경제관념으로 계속 고만고만한 돈에 매여 변화 없는 삶을 살았다면, 이제는 한번쯤 다른 가치관에 눈을 열고 그를 실천해보면 어떨까 하는 권유이지요.

흔히 하는 이야기지만 고정관념에서 벗어나면 새로운 세
상이 열린답니다.

돈은 더러운 것이다?

잠시 글쓴이가 제주에 와서 경험한 일을 적어봅니다.

많은 분들이 아시다시피 지금 제주는 자연이 아름다운 관
광지를 떠나서 부동산 재테크에 관심 있는 사람들에게도 핫
한 지역입니다. 국내 부동산 경기가 계속 불황인 가운데서
도, 제주도내 부동산 가격은 끝을 모르고 상승 중이고요. 별
로 관심이 없는 분이라도 제주도 땅값이 그렇게 많이 올랐
다던데… 정도는 들어보았을 겁니다.

저는 제주라는 자연환경과 제주만의 독특한 느낌이 좋아
서 왔지만, 한편으로는 기대도 했습니다. 제주에 작지만 내
집을 마련한 사람으로서 제주 부동산이 계속 상승 중이라고
하니까, 우리집 가격도 조금씩 올라가지 않을까… 마침 제주
제2공항 건설 발표가 나고는 그 기대감이 더 커졌습니다. 그
리고 이런 좋은 정보는 다른 사람들과도 나누어야겠다 싶어
자주 찾는 제주 관련 인터넷 커뮤니티에 글을 올렸지요.

그런데 사람들의 반응은 냉랭했습니다. 좋은 정보를 나눠 줘서 고맙다는 말은 없고, 제주의 자연이 파괴되는 것이 그렇게 좋으냐, 안 그래도 너무 집값이 올라서 집 구하기가 힘든데 얼마나 더 오른다는 거냐, 투기하러 제주도에 왔느냐는 비아냥도 들었습니다. 긍정적인 반응보다는 부정적인 반응들이 훨씬 많더군요. 제가 세입자들만 모인 카페에서 글을 쓴 눈치 없는 집주인이냐 하면 그것도 아닙니다. 그 카페에는 제주도에 자기 땅을 소유한 분들도 많습니다. 그런데 그분들은 왜 그렇게 죄인된 것처럼 자기 재산의 가치가 오르는 것을 기뻐하지도 못하고 지내는 걸까요?

이건 제주만의 문제는 아니겠지요. 아직도 많은 사람들의 인식에는 〈개발=자연파괴=돈만 밝히는 나쁜 행위〉라는 묘한 등식이 성립하고 있으니 말입니다. 아름다운 자연을 앞에 놓고는 부동산의 가치를 따져서는 안 될 것 같고 개발이나, 레저산업 등 사업 구상을 하면 왠지 돈만 밝히는 사람 같아 보일까 하는 두려움들….

그런 생각을 가지고 있는 개인이 과연 큰돈을 벌 수 있을까요? 쉽게 말해 정부가 이런 가치관을 갖고 있다면 개발행위는 일절 할 수 없을 것입니다. 모두 어떤 형태로든 현재의 자연을 파괴하는 행위니까요. 그렇다면 우리는 원시시대 모습 그대로 계속 살아야 하는 걸까요?

돈이 있어야 난개발로부터 환경도 보호할 수 있습니다. 그린피스 같은 단체도 돈이 있어야 운영이 됩니다.

개발과 관련해 걱정이 되지 않는 건 아닙니다. 그러나 이 부분은 별개의 논점이고, 경제적인 측면에서라면 다르게 접근해야 한다고 생각합니다. 타인에게 떠벌릴 것까지야 없겠지만 투자와 투기는 다르지요. 경제적인 풍요를 바란다면 반드시 투자는 필요합니다. 그게 내 시간이든 노동력이든 돈이든 간에요.

이 일을 통해 다시금 이 사회에는 아직도 돈을 저열한 것으로 보는 시선이 상당하다는 것을 느꼈습니다. 돈을 간절히 바라고 돈을 최우선 순위로 여긴다고 하면서도 말이죠.

이렇게 특정한 사건을 경험하기 전까지는 자신이 돈에 관해 어떤 부정적인 인상을 갖고 있는지 모르고 지내는 경우가 많습니다. 여러분의 잠재의식에 돈은 어떤 의미로 자리매김하고 있을까요?

앞에서 본 제 사례처럼 우리의 잠재의식에는 오래전에 입력된 그릇된 풍요관념이 자리하고 있을 거예요. 중요한 것은 새로운 풍요관념을 입력하기에 앞서, 이전의 낡은 풍요관념을 내면에서 몰아내야 부와 번영이 찾아올 여지가 생긴다는 점입니다.

어떤 것이 있을까요? 우리는 풍요에 대해 어떤 인식을 갖고 있어서 주머니 사정은 늘 빈곤하고, 경제는 언제나 불황이며, 일자리 찾기는 하늘의 별따기처럼 힘들다고 생각하게 되었을까요?

'개처럼 벌어서 정승처럼 쓴다'는 속담을 볼까요? 이 속담대로라면 돈벌이는 그야말로 '개고생'처럼 힘들다는 뜻이 되겠죠. '부자가 천국에 가기는 낙타가 바늘구멍을 통과하는 것보다 어렵다' 널리 알려진 이 격언도 부자는 대부분 정직하지 못하다, 정직하게 돈 벌기는 어렵다는 의미를 담고 있습니다.

국부론을 주장한 애덤 스미스는 '한 사람의 부자가 있기 위해선 500명의 가난뱅이가 필요하다'라는 말까지 했습니다. 이런 말을 듣고 자랐다면 내가 가지려면 타인의 것을 빼앗아야 한다는 생각이 자연스럽게 느껴질 것입니다. 그런데 보통사람이라면 내가 갖기 위해 다른 사람의 것을 빼앗아야 한다면 마음이 불편해지기 마련이죠.

이렇게 우리는 아주 어릴 때부터 돈에 관한 부정적인 인식을 주입받고 자랐습니다. 돈 벌기는 힘든 것, 부자들은 정직하지 못해, 부자는 가난한 사람을 착취하는 사람들, 아껴야 잘살아, 내가 가지려면 남의 것을 빼앗아야 해 등… 출처를 모르는 많은 생각들이 내면에 자리하게 되었죠.

사람은 특정한 심리 상태에서 외부의 암시나 가치관을 쉽게 받아들입니다. 특히 어린아이 때는 부모님, 선생님, 주변의 생각을 더 쉽게 받아들여 자신의 생각으로 고정시킵니다. 그리고 성장하면서 그 생각에 맞춰 삶의 방식을 결정하지요. 그렇다면 어떻게 될까요?

위에서 말한 생각이 잠재의식에 뿌리 내린 사람에게는 돈을 번다는 건 힘든 일인 동시에, 남에게 피해를 주는 악한 일이 됩니다. 그런 사람이 부자가 되려면 몹시도 힘든 과정과, 속고 속이는 경험이 필수가 되겠지요.

따라서 풍요노트를 쓰기 전에 내가 돈에 대해 갖고 있는 안 좋은 기억은 무엇인가? 나는 돈을 어떻게 생각하고 있나? 자기의 잠재의식을 자세히 살펴볼 필요가 있답니다.

평소에는 의식하지 못하지만 우리 잠재의식에서는 내가 큰 성공을 하면, 큰돈을 벌면 지금의 나와 다른 사람이 되면 어쩌지? 하는 무의식적인 두려움이 있습니다.

인간에게 자아정체성이란 나를 나로서 존재하게 해주는 중요한 인식의 틀인데, 외부의 큰 변화를 경험하면 이전과는 180도 달라지지 않을까 자기도 모르게 걱정을 하는 겁니다. 사람은 늘 달라지고 싶다고 하면서도 마음 한 구석으로는 이대로의 내가 좋다는 생각도 하고 있으니까요.

내가 돈을 많이 벌면, 이기적인 사람이 되는 건 아닐까?

내가 돈을 많이 벌면, 바람을 피우고 싶으면 어떡하지?

내가 큰돈을 벌면, 매사에 돈으로 해결하려고 하는 금전만능주의가 되면 어떡하지?

내가 큰 성공을 하면, 성격이 오만해져서 사람들의 미움을 받으면 어쩌지?

이런 쓸데없는(?) 걱정을 하는 거지요. 실제로 로또 1등에 당첨에 되었다 하고 그 돈을 어떻게 쓰고 관리하는지 상상해보라면 이 부분에서 걸린다는 분들이 많습니다. 우주 택배 카페에서 로또 당첨(큰돈이 생겼을 때)에 대한 부정적인 반향에 대해서 함께 적어본 적이 있는데요, 그 내용을 여기에 실어봅니다. 분명 나도 이런 생각을 가지고 있어! 라며 공감하는 분들이 많을 겁니다.

- 일확천금을 노리는 거는 먼가 불성실해 보이는 것 같아.
- 확언 한다고 되겠어?
- 로또 확률이 얼마나 낮은데 설마 되겠어?
- 도저히 믿어지지가 않아. 4등이나 5등 작은 금액만 가능해.
- 짜고 치는 고스톱 아닐까? 당첨자가 미리 정해져 있는 건 아닐까?
- 내가 돈이 너무 많아지면 갑자기 여기저기에서 연락이 들이닥쳐서 귀찮아질 거야. 남들 눈에 띄기 싫어.
- 돈은 먹고 살만큼 적당하게만 있어도 돼.
- 나의 화려한 삶이 누군가의 고통이 되면 어쩌지? 나 때문에 자원이 낭비되거나 꼭 필요한 사람에게 돌아가지 못 하는 건 아닐까?
- 돈으로 뭐든 할 수 있으면 인생이 무료해질 거야.
- 쉽게 들어온 돈은 쉽게 나가기 마련이야.
- 로또는 사행성 도박 같은 느낌이야. 열심히 일해서 번 돈이 아닌 공돈이라서 창피할 것 같아.
- 큰돈이 생기면서 바뀌는 인간관계가 무서워. 다른 사람들의

눈치를 보면서 살기는 싫어.

- 로또 당첨된다고 행복하지 않을 거야. 당첨된 사람들 대부분이 결국 돈 다 날리고, 주변 사람들도 잃게 되고, 폐인이 되는 경우도 있고 너무 많은 돈은 나를 더 힘들게 할 수도 있어.

- 1등 되는 사람들은 조상님이나 돼지꿈 등을 꾸고 나서 된 경우가 많다던데, 나는 개꿈도 잘 안 꾸니까 될 리가 없어.

- 돈이 많아지면 주변에 나누어줘야 할 거 같아서 싫어! 이렇게 나누어주기 싫은 걸 보니 난 너무 욕심이 많아! 욕심이 많은 사람은 복(로또 1등 당첨)을 받을 수 없어!

- 술 좋아하고 친구 좋아하는 남편이 매일 친구 불러다가 술 마시면 어쩌지? 그걸로 만날 부부싸움하고 건강 망쳐서 걱정하고. 그럴 바에야 그냥 이대로 성실히 사는 게 좋을지도 몰라.

- 로또가 되고 행복해졌단 사람들 못 봤어.

- 여러 번 기대했는데 괜히 기대만 했다가 힘만 빠지잖아. 이런 건 되는 사람이 따로 있고, 안 되는 사람이 있어. 난 안되는 쪽인가 보다.

- 간절히 바라는 사람이 얼마나 많을 텐데, 나한테까지 행운이 오겠어?

- 내가 돈이 많아지면 돈 때문에 사람들이 접근하는 게 아니라고 어떻게 믿지? 돈이 있으면 이제 아무것도 하지 않고 폐인처

럼 집에 쳐 박혀서 사람들을 존중하지도 않고 재수 없는 인간

이 되어버릴지도 몰라.

- 내가 돈이 많아지면 와서 돈 달라는 사람들을 일일이 거절하

는 건 얼마나 귀찮고 힘들까. 또 거절하면 사람들이 나를 싫어

할 거 같은데.

강조하지만 내가 돈이 많아지고, 큰 성공을 한다고 해서

이전과는 전혀 다른 사람이 될 거라는 건 오해입니다. 돈이

가진 기묘한 힘 하나는, 소유한 사람의 고유한 특성을 더 강

화해 준다는 거예요. 가끔 뉴스 등에서 크게 성공하고 부자

가 되었는데도 여전히 검소한 생활을 하는 사람들 이야기를

접할 수 있습니다.

세계에서 가장 부자이자 성공한 인물로 손꼽히는 워렌 버

핏 회장도 즐겨하는 취미는 포커 게임, 체리코크 마시기, 신

문읽기 정도입니다(요즘은 우쿨렐레). 스포츠카, 요트 수집하

기 이런 거 아니죠(사치스런 부자도 있는데, 그들은 돈이 없을 때

도 원래 그런 쪽으로 취미가 있었습니다. 그리고 사치하는 부자는

부모로부터 물려받은 부자인 경우가 많습니다).

다시 말해 구두쇠가 돈을 벌면 그는 그 돈을 어떻게 불릴

까 더 짠돌이 짓을 하고 베풀길 좋아하는 사람이 돈을 벌면

그 사람은 베푸는 데 더 열중한다는 것입니다.

위에 예시로 적은 문장들이 황당해 보이지만 우리의 잠재의식에는 이런 말도 안 되는 믿음이 있고 이 부분들을 바꿔나가야 하겠습니다.

풍요노트를 쓰면 잠재의식이 바뀐다

'잠재의식이 바뀌면 현실도 달라진다'

이 이야기는 일찍이 잠재의식을 연구한 조셉 머피Joseph Murphy 목사나, 신사상운동가 네빌 고다드Neville Goddard 의 주장입니다. 다시 말해 창조의 근원인 잠재의식이 풍요로워야 현실도 풍요로워진다는 뜻입니다.

앞으로 말씀드리겠지만 풍요노트를 쓰면 자기도 모르는 사이에 잠재의식이 긍정적인 방향으로 바뀌게 됩니다. 여기에서는 잠재의식의 특징에 대해 기본적인 지식을 배워보도록 하겠습니다.

우리는 원하는 것은 무엇이든 넘치도록 얻을 수 있습니다.
다만 우리 내부의 힘에 주파수를 맞출 줄 알면 됩니다.
그 내부의 힘은 전기와는 비교할 수 없을 만큼 엄청난 힘이며,
날 때부터 우리에게 있었던 힘입니다.

— 《당신의 소원을 이루십시오》 중에서

잠재의식의 특징

잠재의식이 내면에 있다고 하니까 많은 경우 '또 다른 나' 정도로 가볍게 생각하곤 합니다. 그러나 내면에 있는 잠재의식은 현재의식과는 확연히 다릅니다.

잠재의식의 존재를 알기 전까지, 우리는 잠재의식을 인식해본 적도 없고 소통의 필요성도 몰랐습니다. 예를 들어 쌍둥이가 태어나자마자 각자 다른 나라로 입양되어 25세 전까지 서로의 존재를 몰랐다고 해봅시다.

25년 동안이나 다른 나라, 다른 부모님 밑에서 자란 쌍둥이가 처음 만나면 어떤 느낌일까요? 한 사람은 스페인어를

하고, 한 사람은 베트남어를 한다면 어떻게 대화를 시작해야 할까요?

이렇듯 분명 나 자신의 일부지만, 오랫동안 소통하지 않았고 인식되지 않았던 잠재의식과의 접촉은 조심스러워야 합니다. 많은 분들이 《시크릿》 등 책을 통해서 처음 잠재의식에 대해 알게 되는데 얼마간 소통을 시도해보다가 잠재의식이 잘 변하지 않는다고 낙심하는 경우가 많더군요.

하지만 이는 조바심을 내려놓고 천천히 접근해야 할 부분이랍니다. 잃어버린 형제를 몇십 년 만에 찾은 듯 대한다고 상상해보세요. 그러기 위해선 처음에 얼마간 노력이 필요하겠죠.

이제 잠재의식을 이해하는 다른 표현을 살펴보도록 하겠습니다.

잠재의식이라는 단어는 '내면아이(호오포노포노에서 말하는 우니히필리)'와도 뜻이 통합니다. 기억해야 할 점은 우리가 일상에서 끌어당기고, 창조를 하는 모든 일이 잠재의식을 통한다는 것입니다. 과학자들의 연구에 의해서 인간의 뇌와 잠재의식의 능력이 점점 더 밝혀지고 있는데요, 인간의 잠재된 능력은 정말로 무한하다고 합니다. 그런데 이 무한한 창조력

| 현재의식과 잠재의식의 차이 |

구분	현재의식	잠재의식
정보처리 속도	1초당 2,000 비트	1초당 4,000억 비트
기능	의지의작용, 자주적행동, 논리적, 합리적, 순차적 사고, 언어 구사	느낌, 감정적 작용 비합리적, 통합적, 동시다발적 사고
기억의 범위	20초 정도 단기 기억 현재만 인식	장기 기억 현재, 미래, 과거의 모든 시제 기억을 저장함
상태	깨어 있는 상태 뇌의 17% 용량	잠, 꿈, 이완된 상태 본능, 직관, 놀이를 좋아함 뇌의 83% 용량
영역	목표의 설정 이성적, 비판적 사고	목표의 처리 습관(변화를 싫어함), 자기보호본능, 신체부위 중 제3차크라

을 꺼내 쓰기 위한 전제가 잠재의식과의 소통이고요.

즉, 우리가 원하는 것이 잘 이뤄지지 않는 가장 큰 이유가 나(현재의식적 나)와 나 자신(잠재의식적 나)의 신뢰 부족으로 인한 부조화 때문입니다. 따라서 그 부조화를 해결하면 소원이 쉽게 이루어지겠지요. 다른 식으로 칼 융은 의식과 무의식의 완전한 통합을 통해 개인의 인격체가 완성된다고 했습니다.

잠재의식은 직관을 통해 말한다

로또 당첨자 중에 조상님을 보거나, 똥물에 빠지는 등 희한한 꿈을 꾼 사람들이 많다고 합니다. 또 로또 복권까지는 아니라도 응모한 경품에 왠지 될 것 같다… 하면 정말 받는 경우도 경험해보셨죠?

이런 경우는 잠재의식이 앞으로의 일을 미리 귀띔해주는 것, 즉 '직관'에 해당하는 부분이죠. 직관은 불현듯 떠오르는 생각인데 이유를 설명할 수 없지만 긍정적인 결과로 이어진다는 특징이 있습니다.

다시 말해 직관에 주의를 기울이면 풍요의 기회를 더 많이 얻을 수 있습니다. 또 안 좋은 일로부터 나를 보호할 수도 있고요. 실제로 높은 연봉을 준다고 하는데도 뭔지 모르게 꺼림직 해서 거절했는데, 그 회사가 나중에 알고보니 불법적인 일과 관련된 것을 알았다는 사례도 있습니다.

그렇다면 직관의 힘을 키우려면 어떻게 해야 할까요?

억만장자 조지 소로스는 저서 《소로스가 말하는 소로스》에서 "나는 동물적 직감에 상당히 의존하는 편이다. 자금을 활발히 운용하던 당시 등이 아파 고생한 적이 있다. 등에 예리한 통증이 느껴질 때마다 나는 이것이 내 투자 포트폴리오에 무언가 문제가 있다는 신호로 생각했다."라고 했습니다.

세계적인 거물급 경영자가 중요한 결정을 내리는 데 통계와 논리가 아닌 신체 반응을 더 신뢰한다고 한 것이죠. 《우리몸은 거짓말하지 않는다(김영사)》라는 책도 있지만 몸이야말로 정확한 직관의 통로라고 할 수 있습니다.

우리는 생각으로 많은 것을 한다고 여기지만 심장이 뛰고, 침이 생기고, 소화가 되고, 숙변이 생기고(?) 하는 생리 반응을 생각으로 조절할 수는 없거든요. 몸은 철저히 잠재의식(+무의식)의 통제 하에 있습니다.

결혼을 하고 아기를 갖는 엄마들의 이야기를 들어보면 일단 수태가 되면 몸이 먼저 사인을 보낸다고 하죠. 몸이 늘어지고, 잠이 쏟아지거나, 체한 것 같고, 으슬으슬 춥고 해서 병원에 가보면 "축하합니다! 아기가 생기셨군요~"라고 하는 거죠. 어떤 여성도 착상이 되면서 지성으로 '음, 지금 나는 임신했군. 검사를 해보자' 하고 임신인 줄 아는 경우는 없답니다.

현대인들은 매사를 '머리(이성)'로만 해결하려는 습성이 있어서 몸이 말하는 정보에 익숙하지 않고, 혹시 느껴져도 무시하는 경우가 많은데요. 따져보면 쉽게 바뀌고 변덕스러운 것은 오히려 생각인 경우가 더 많지요. 그래서 몸의 감각을 관찰하고, 신뢰하고, 나아가 대화를 나누는 연습을 함으로써 직관의 힘을 키울 필요가 있습니다.

확언을 말할 때 느닷없이 기침이 터진다거나, 식은땀이 난다거나 하면 잠재의식이 그 확언에 반발한다는 증거입니다 (이런 부분을 EFT나 다른 방법을 통해 다스립니다).

주로 갑작스럽게 쿡 찔리는 것 같은 통증, 눈의 침침함, 소화불량 등이 대표적인 몸의 부정적 반응이니 중요한 일을 결정할 때 주의를 기울입니다. 물론 이런 부분은 개인차가 있고 처음부터 잘 되는 건 아니라서 잠재의식과 꾸준히 신뢰를 쌓는 연습이 필요합니다.

결론적으로 직관의 힘을 키우면 풍요에 한 걸음 쉽게 다가설 수 있답니다. 직관이 '슬렁슬렁'을 도와주는 것이죠.

풍요노트를 쓰면
내면아이와 친해진다

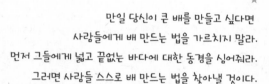

> 만일 당신이 큰 배를 만들고 싶다면
> 사람들에게 배 만드는 법을 가르치지 말라.
> 먼저 그들에게 넓고 끝없는 바다에 대한 동경을 심어줘라.
> 그러면 사람들 스스로 배 만드는 법을 찾아낼 것이다.
>
> — 생 텍쥐베리

다양한 표현이 있지만(요술램프의 지니 등) 잠재의식의 특징을 가장 잘 드러내는 비유는 바로 '내면의 어린아이'입니다. 자신에게 어떤 놀라운 가능성이 있는지 모르는, 그러나 사랑받고 싶고 관심을 원하는 그런 아이라고 상상해보세요.

내면의 어린아이는 바깥의 어른(현재의식)이 무언가를 주입하면 그게 참인지 거짓인지 분별하지 못하고 그대로 받아들입니다. '나는 못생겼어', '나는 무능해' 이런 생각들은 모두 진실이 아닌데 내면아이에게는 진실이 됩니다.

왜일까요? 자기가 의지할 수 있는 사람은 오직 바깥의 어른이기 때문입니다. 그래서 사랑받기 위해 나는 못생겼어,

나는 무능해 라는 바깥어른의 생각에 맞추려고 합니다. 그러면 내면아이의 에너지에 반응하여 말도 안 되는 힘든 현실이 만들어지기 시작합니다. 원하지 않는 현실에 바깥의 어른이 불평불만을 하고, 내면아이는 다시 그걸 반영하고, 악순환이 이어지겠죠. 그래서 그런 악순환의 고리를 끊는 첫 번째 작업이 내면아이와의 소통입니다.

처음에는 잠재의식(내면아이)을 떠올린다는 것이 너무나 막막하고, 대화를 하고 싶어도 어디서부터 해야 할지 막막할 수 있습니다. 그뿐만 아니라 부끄러운 버릇과 안 좋은 기억, 고정관념과 상처를 안고 있는, 말도 안 통하는 내면아이를 불러내고 대면하려면 상당한 용기가 필요하기도 하죠.

따라서 잠재의식과 소통은 자기의 내면을 이해하고 그에 귀 기울이려는 절실하고 진실한 동기에서 출발해야 합니다. 간절해야 소원이 이루어진다는 것이 그런 의미입니다. 나의 내면과 소통하고 온전한 한 사람의 인격이 되고자 하는 절실함, 그 절실함을 가지고 꾸준히 두드리면 마침내 굳게 닫혔던 비밀의 문이 열리게 된답니다.

잠재의식에 풍요를 입력하는 방법으로 우리는 확언, 심상화, EFT, 최면 등 다양한 방법을 활용합니다. 그런데 이런 방법들을 통해 우주에 풍요를 주문할 때 10억이다, 100억이다, 로또 당첨이다, 사업이 대박난다 등 '돈의 액수'와 '방법'을 놓고 집중하나요? 하지만 집중해야 할 부분은 사실 돈의 액수 또는 그 돈이 마련되는 방법이 아닙니다.

평소의 우리는(현재의식 상태) 언어(문자), 숫자, 도형, 논리, 인과, 추론 등 추상적인 지식에 대한 개념이 있고 이를 이해하지만 잠재의식은 이런 개념이 없습니다.

비유하자면 잠재의식은 컴퓨터를 구성하는 이진수처럼 0과 1, 이 두 가지를 가지고 세상을 구분합니다. 신기하게도 운용하는 기본 원리가 0과 1, 이진수인데 아시다시피 컴퓨터는 엄청난 기능을 수행할 수 있죠. 잠재의식도 그와 비슷합니다. 예를 들자면 잠재의식의 개념은,

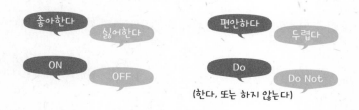

이렇게 두 가지의 상반되는 개념만을 이해합니다.

만약 친구에게 "이 책이 참 좋은데 한번 읽어볼래?" 권유했을 때 친구가 "그래. 나중에 시간나면 볼게."라고 한다면 이건 '안 읽겠다'의 뜻입니다. "그래? 무슨 내용인지 읽어볼게!"라는 반응이 정말로 읽겠다는 뜻입니다. 중간은 없다고 보면 됩니다.

이처럼 돈에 관해서도 잠재의식에서는 1억이나 10억이나 100억이나 별 차이가 없습니다. 오직 그 금액이 나한테 큰가, 작은가 그것만 구별합니다. 그리고 잠재의식은 돈 자체보다는 그 돈을 통해서 내가 어떤 즐거움을 누릴 수 있는가? 에 관심을 가집니다.

로또복권에 당첨됐다고 하면 그 당첨금으로 할 수 있는 무언가가 있겠죠? 집도 사고, 차도 사고, 해외여행도 가고… 잠재의식은 돈을 가지고 할 수 있는 무언가로 얻는 즐거움과 신나는 감정에 동요합니다. 바꿔 말하면 가슴이 두근거리는 일일수록 잠재의식이 움직이기 쉽다는 것이죠. 따라서 그런 구체적인 부분에 집중해서 심상화를 하면 이루어질 확률이 높아집니다.

생 텍쥐베리는 이런 말을 했습니다.

"만일 당신이 큰 배를 만들고 싶다면 사람들에게 배 만드는 법을 가르치지 말라. 먼저 그들에게 넓고 끝없는 바다에 대한 동경을 심어줘라. 그러면 사람들 스스로 배 만드는 법을 찾아낼 것이다."

이는 잠재의식을 어떻게 자극할 것인가를 절묘하게 비유한 글로도 이해할 수 있습니다. 즉 풍요를 끌어오려 할 때 일일이 돈은 이렇게 절약하고, 이렇게 저축해서 모으고… 라며 지정하기보다, 내가 꿈꾸는 풍요에 대해 먼저 잠재의식이 흥분하고 두근거릴 수 있도록 해주면 된다는 것이죠. 그러면 저절로 풍요를 이르는 길이 찾아집니다.

잠재의식과 심리적 안전지대

또 잠재의식이 특히 민감하게 반응하는 부분 중 하나는 편한가? 불편한가? 하는 부분입니다.

잠재의식은 익숙한 것을 좋아하고 변화를 두려워하기 때문에 새로운 시도에 대한 거부감이 강합니다. 그렇기 때문에 자기가 감당해보지 않은 큰돈은 익숙하지 않은 것으로 불편하게 여기고 밀어내려 합니다.

사람은 자기에게 편한 심리적, 물리적 공간(안전지대) 안에서 머물려고 합니다. 그래서 낯선 장소에 가면 위축되고 불안한 기분을 느끼고 서둘러 집, 또는 자기가 아는 편한 장소로 가려고 하죠. 자기의 안전지대에서 벗어났기 때문에 불편함을 느끼고 원래대로 돌아가려는 성향이 나타나는 것입니다.

이렇게 한 사람이 편안함을 느끼는 심리적, 물리적 공간의 범위를 잠재의식이 담당합니다. 부자가 되려면 그만큼 그릇이 커야 한다고 한다고 말하는데 이와 통하는 이야기랍니다 (풍요노트를 구체적으로 기록하는 부분에서 이 부분을 다시 설명하도록 하겠습니다).

돈의 액수에 관해서는 자신에게 큰가? 작은가?를 구별한다고 했는데 잠재의식은 10만 원이면 작은 돈, 1억이면 큰돈 이렇게 구분하지 않습니다. 이런 개념은 계산과 숫자라는 추상적 사고를 하는 현재의식만 가능한 일입니다.

따라서 아무리 적은 금액이라도 당장 필요한데 그 돈이 없어서 고통스러우면 큰돈입니다. 지금 100만 원 정도의 급전이 필요하다 그래서 끌어당기기, 심상화를 하면 잠재의식에서는 100만 원이 객관적으로 도저히 구하기 어려운 큰돈이 아님에도 불구하고 큰돈 – 불편한 것 – 으로 판단하고 이를 밀어내게 됩니다.

그런 이유에서 돈이 급할 때 그 돈이 생기는 것에 집중하면 잘 이뤄지지 않는 경우가 많죠. 그보다는 돈 문제가 해결된 상황에서 내가 느끼는 편안한 감정에 집중하여 침착한 상태에서 생각을 하는 것이 훨씬 효과적입니다.

놀면서 문제를 해결하는 법

주인공을 좋아라 해서 종종 즐겨본 미드 중에 〈멘탈리스트Mentalist〉가 있습니다. 멘탈리스트의 주인공은 패트릭 제인이라는 인물인데요. 그는 CBI라는 수사기관의 컨설턴트(자문위원)입니다.

제인이라는 캐릭터는 참 매력적(물론 배우도~)인데요, 성실하고 열심인 다른 요원들과는 달리 제인의 특기는 '소파에서 빈둥거리기'입니다. 그러면서도 대부분의 사건은 제인이 해결하지요.

어떤 문제가 생겼을 때 제인처럼 누워서 잠시 뒹굴거나, 깜빡 졸았는데 해결책이 떠오른 경험 있나요?

저는 그런 경험이 많아서 일단 머리에 과부하가 걸리는구나 싶으면 드러눕는 편입니다(밖이라서 그러기 힘들면 머리를 뒤로 젖히고 눕는 것 비슷한 자세를 취하기도 합니다). 그런데 한 심리실험의 결과 문제를 해결하는 데 눕는 게 도움이 된다는 것이, 과학적 근거가 있다고 밝혀졌지요.

똑같은 문제를 서서 풀게 했을 때와 누운 자세로 풀게 했을 때, 누워서 풀은 팀의 속도가 더 빨랐고, 정답률도 높았다고 하죠(《59초(웅진지식하우스)》).

즉 이성의 궁리를 잠시 쉬게 할 때, 잠재의식에서 문제를 해결하는 창의성을 발휘하는 것입니다.

보통 문제가 발생했을 때 우리의 태도를 보면, 문제가 문제라기보다 그 문제에 몰입해서 벗어나지를 못하는 게 더 문제인 경우가 많거든요. 예를 들어 집주인이 전셋값을 갑자기 3,000만 원이나 올려달라고 하는데 돈을 마련할 수가 없다. 이런 경우 돈을 마련해야 하는 게 문제인 것은 맞지만, 돈 문제를 고민하느라 친구를 만나도, 연인과 있어도 계속 한숨이 나오고 걱정이 된다면 돈 문제를 해결하는 데 아무 도움이 안 될 뿐더러 인간관계까지 나빠질 수 있겠죠.

그러면 어떻게 해야 하느냐?

밤새도록 눈이 엄청 내려서 출근길 교통대란에 자빠지고 지각하고 난리부르스를 쳤다면 그 수준에서는 '눈'이 골칫덩어리겠죠. 그렇지만 잠시 시간을 내어 높은 건물에서 아래를 내려다보면 눈 쌓인 거리 풍경이 얼마나 아름다운지가 비로소 눈에 들어옵니다.

즉, 내 눈높이가 달라지면(관점이 바뀌면) 문제는 더 이상 문제가 안 됩니다. 그러니 삶에서 해결해야 할 문제가 나타났다면 그 문제를 당장 해결하려 애쓰기보다, 잠시 접어둔 채로 다른 일을 하는 편이 낫습니다. 잠을 자거나, 찜질방에 가거나, 아니면 회사에 하루 휴가를 내거나, 혼자라도 좋으니 극장에서 영화를 보거나 무엇이든 간에 잠시라도 문제를 완전히 잊어버릴 수 있는 일을 하는 겁니다.

이렇게 그 문제로부터 생각을 분리해서 잠재의식에서 답을 찾도록 합니다. 현재의식이 아닌 잠재의식의 관점에서 문제를 검토하는 것이죠. 그럼 생각지 않은 해결책이 떠오를 수 있습니다. 전셋값의 경우도 대출을 받거나, 혹은 다른 곳으로 이사를 가거나, 아예 집을 사버리거나! 방법은 여러 가지가 있으니까요.

한편으로 문제가 생기는 것은 현재 내 수준을 업그레이드를 하려는 잠재의식의 탁월한 조율인 경우가 많습니다. 그런 경우 해결책도 미리 준비가 되어 있으니 염려하지 말고 잠시 제인처럼 빈둥거리는 시간을 가져보세요. 예로부터 중국 속담에도 '일 잘하는 사람은 일을 해도 노는 것처럼 보인다' 라는 말도 있답니다.

3부

실전!

풍요노트 쓰기

Lesson 1 머니통장 쓰기❶
금액과 날짜 기입하기

구체적인 풍요노트의 항목별 설명으로 들어가겠습니다.

먼저 샘플 노트 이미지를 보아주세요. 여기에서는 주목할 부분이 금액과 날짜 부분입니다.

강조로 표시한 부분을 보면 채워지길 바라는 경제적인 목표와 함께 '주문 도착 기한, 2016년 7월 31일까지'라고 날짜가 적혀 있습니다.

즉 자신이 이루길 바라는 구체적인 풍요 액수를 적고, 언제까지 그것을 달성할 것인지 기한을 정하는 것입니다.

토익 점수 900점, 몸무게 52킬로그램, 월수입 1,000만 원 등과 같이 목표는 구체적으로 세워야 이룰 가능성이 높

주문 내용

• 금액 : 8,000만 원　　• 주문 도착 기한 : 2016년 7월 31일

| Daily 중요 입금액 |

머니 통장

엄마가 사주신 밥솥	+ 150,000원
이사 올 세입자가 선물한 음료수 세트	+ 17,000원
이번 달 수입	+ 3,500,000원
이달 대출금 갚음	+ 500,000원
소셜커머스에서 영화 티켓 구입하고 절약한 돈	+ 9,000원
프라이팬 세트 안 사서 100% 할인	+ 150,000원

감정 통장

거래처에서 일 잘한다고 칭찬받음. 감사 ㅋㅋ	+ 500,000원
남친 주중 하루 휴무 드라이브 가기로 약속 ^^	+ 500,000원
외모노트: 렌즈 안 껴도 반짝반짝 빛나는 예쁜 내눈에 감사	+ 1,000,000원
우연히 들른 커피집 사장님과 통성명 단골집하기로 인맥+1	+ 100,000원

시간 통장

피부과에 들렀는데 환자가 없어서 안 기다리고 바로 진료봄	+ 10,000원
도서관에서 필요한 자료를 빌릴 수 있었음	+ 100,000원

Daily 합계　6,536,000원

목표 잔액　73,464,000원

저금 항목

1 × 3의 법칙	윗집에서 아이들이 시끄럽게 뛰는데 참고 넘어갔다. (30,000 × 3 = 90,000)	+ 90,000원
없어서 감사	미혼이고 아직 아이가 없어서 자유로운 시간을 쓸 수 있다.	+ 3,000,000원

은데, 풍요노트에서는 한 걸음 나가 언제까지 이뤄질 것인지도 구체적으로 적어줍니다. 이렇게 하는 것이 어떤 의미가 있을까요?

길에서 우연히 반가운 친구를 마주쳤을 때 "반가워! 다음에 한번 시간 내서 저녁이라도 먹자!" 이러면 그 약속 지켜지기 힘들다는 거 공감할 거예요.

연인 사이에서도 "자기야, 우리 나중에 제주도 놀러가자!" 하고 남친도 흔쾌히 "그래, 가자!" 하더라도 그 나중이 언제인지??? 딱 정하지 않으면 마냥 기다리다 다툼이 되는 경우가 생기기도 합니다. 은행에 적금을 부을 때도, 보험에 가입할 때도 '만기'가 정해져 있지요.

이처럼 날짜를 정함으로써 잠재의식에게 언제까지 이 목표금액을 가져다 줄 것인지 기한을 정확하게 알려줍니다. 잠재의식의 시간관념은 현재의식처럼 과거 – 현재 – 미래의 순서가 아닙니다. 때로는 미래에서 과거로 흐르기도 하고 과거, 현재, 미래가 동시에 존재하기도 합니다. 따라서 날짜를 구체적으로 명시하지 않으면 나의 의도와는 다르게 잠재의식 입장에서 '지금이 그때'라고 생각하는 타이밍에 우주 택배가 올 수 있거든요.

버스 지나갔는데 손 흔드는 것과 비슷한 경우죠. 이제는 더 이상 필요치 않은데 예전에 집중적으로 바랐던 것이 나중에 이뤄진 적 있다고요? 딱 그 경우입니다.

구체적인 풍요의 액수나, 기한을 정하려면 그때까지 이뤄지지 않으면 어떡하지? 라는 생각에 걱정스럽고 부담도 되어 날짜를 못 정하기도 합니다.

하지만 공부 하나도 안 하다가도 시험 전날에는 초능력자로 변신해서 엄청난 집중력을 발휘하듯, 약간의 부담감은 잠재의식의 능력을 끌어내는 데 상당한 도움이 됩니다.

그렇다면 만약 자신이 목표했던 풍요가 정해진 기한까지 이뤄지지 않으면 어떻게 해야 할까요?

이럴 때는 목표도 수정하고, 기한도 수정해서 새롭게 다시 시작하는 게 좋습니다. 이전 기록은 태우거나, 지워버리거나 해서 없애도록 하세요. 뭔가 하나를 확실히 끝냈다는 인상을 주지 않으면 잠재의식은 그 프로젝트를 계속 진행 중이라고 여깁니다. 컴퓨터 작업을 할 때 창을 여러 개 띄워놓고 일하다보면 컴퓨터가 점점 느려지는 것과 같죠. 이미 끝난 일인데 잠재의식에서는 계속 진행 중이라고 여겨서 처리할 일들이 점점 많아진다면…?

정작 필요로 하는 것들이 제때 잘 안 이루어지겠죠. 자기도 모르게 그만큼 능력이 분산되고 있으니까요. 따라서 무언가를 더 이상 원치 않을 때는 확실하게 이전 목표는 중단한다고 잠재의식에 알리는 의식을 할 필요가 있습니다. 반대로 시작할 때도 새로운 마음가짐으로 이제부터 시작한다는 의도를 가지면 좋지요.

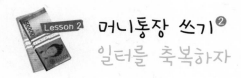

머니통장 쓰기 ②
일터를 축복하자

처음 풍요노트를 적으면서 주체할 수 없을 정도로 신이 난다는 분들이 많았습니다. 그도 그럴 것이 신기하게도 내가 받은 것을 세고 감사하기 시작하면 점점 더 풍요 항목이 늘어나게 되거든요.

지갑에서 우연히 도장이 다 찍혀서 공짜 프레즐을 먹을 수 있는 쿠폰을 발견한다던가, 친구가 살이 쪄서 안 맞는다며 갑자기 새 치마를 준다던가 하는 일이 일상에서 아주 쉽게 일어납니다.

그런데 지나치던 길에 점포정리! 폭탄세일!을 써 붙인 옷 가게에서 평소보다 3만 원 싸게 구입한 카디건 생각을 하면

흐뭇한데, 이번 달 급여명세서를 보면 한숨부터 푹~ 나온다면….

직장은 풍요의 통로다

경제생활을 하면 일한 대가로 돈을 받습니다. 그런데 직장생활(아르바이트, 자영업 모두 포함)이라는 게 만만치 않죠. 많게는 일주일에 3번씩 하는 야근은 그렇다 치고, 그 와중에 성과를 닦달하는 안하무인 상사, 상습으로 컴플레인을 하는 진상 고객, 까칠하고 예민한 선후배 관계… 후~

그런 이유로 우리는 급여명세서를 보면 '(한 달 동안 혹사당한 것에 비해)적다'는 느낌을 받나봅니다. 게다가 요즘은 신용카드 같은 후불제 방식으로 보험료, 카드대금 등이 한꺼번에 빠져나가기 때문에 '월급이 통장을 스쳐 지났다'라는 농담을 할 정도죠. 당연히 급여가 부족하다는 느낌은 더욱 클 수밖에 없고요.

이러다 보니 우리는 직장이 있음에 감사하고 고맙게 여기기보다 회사에 대한 불평불만을 하기가 더 쉬운 것 같습니다.

그러나 제가 풍요노트를 통해 경험한 것 중 하나는, 받은 급여에 감사하고 급여를 받게 해준 직장을 축복하면 작게나

주문 내용

• 금액 : 8,000만 원　　• 주문 도착 기한 : 2016년 7월 31일

| Daily 중요 입금액 |

머니통장

• 엄마가 사주신 밥솥	+ 150,000원
• 이사 올 세입자가 선물한 음료수 세트	+ 17,000원
• 이번 달 수입	+ 3,500,000원
• 이달 대출금 갚음	+ 500,000원
• 소셜커머스에서 영화 티켓 구입하고 절약한 돈	+ 9,000원
• 프라이팬 세트 안 사서 100% 할인	+ 150,000원

감정통장

• 거래처에서 일 잘한다고 칭찬받음. 감사 ㅋㅋ	+ 500,000원
• 남친 주중 하루 휴무 드라이브 가기로 약속 ^^	+ 500,000원
• 외모노트: 렌즈 안 껴도 반짝반짝 빛나는 예쁜 내눈에 감사	+ 1,000,000원
• 우연히 들른 커피집 사장님과 통성명 단골집하기로 인맥+1	+ 100,000원

시간통장

• 피부과에 들렀는데 환자가 없어서 안 기다리고 바로 진료봄	+ 10,000원
• 도서관에서 필요한 자료를 빌릴 수 있었음	+ 100,000원

Daily 합계　6,536,000원

목표 잔액　73,464,000원

저금항목

1 × 3의 법칙	윗집에서 아이들이 시끄럽게 뛰는데 참고 넘어갔다. (30,000 × 3 = 90,000)	+ 90,000원
없어서 감사	미혼이고 아직 아이가 없어서 자유로운 시간을 쓸 수 있다.	+ 3,000,000원

마 좋은 일이 많이 생긴다는 것이었습니다. 때로는 예상치 않은 부수입이 생기는 일도 많았고요.

실제로 사업을 하는 한 지인의 경험담입니다. 거래처에서 돈을 받고, '이번 달 200만 원 수금 감사합니다~ 올해 안에 이 돈의 뒷자리에 0이 하나 더 붙게 해주세요, 이 회사가 번창하게 해주세요~'라고 속으로 말했더니 그 회사에서 일감을 두 배로 맡기더라는 것입니다. 그러니 신나서 성심성의껏 일하게 되고, 거래처에서 만족하고 다시 더 많은 일이 들어오는 선순환이 생겼다고 하더군요.

갑작스럽게 직장을 잃고 백수가 되어 눈칫밥을 먹어본 분들은 힘들어도 직장에 다닌다는 게 얼마나 감사한 일인지 경험했을 줄 압니다. 그만큼 사람에게 일과 일터가 있다는 것은 행복하고 감사한 일이죠.

일상의 스트레스를 날리기 위해 옆자리 동료와 잠시 나누는 부장님의 뒷담화(?)가 나쁘다는 게 아닙니다. 기본적으로 자신이 몸담은 회사가 있다는 것, 적어도 그 회사에서 밀리지 않고 급여가 나온다는 데 매달 하루, 급여 날만이라도 감사하는 마음을 갖고 풍요노트에 기록해보자는 것이죠.

급여가 적다고 느끼면 회사가 번창해서 더 많은 급여와

보너스까지 줄 수 있기를, 바로 위에 불편한 상사가 있다면 오히려 그 사람이 잘 되어 다른 회사로 스카우트되기를 축복해주면 어떨까요?

그렇게 좋은 마음으로 적다보면 풍요노트가 예상치 않은 기적을 반드시 만들어줄 것입니다.

머니통장 쓰기 ❸
'안 사면 100% 할인이다'

슬렁슬렁 부자되는 풍요노트를 처음 공유했을 때, 많은 분들이 신기해했습니다. 어떻게 소비를 풍요라고 생각할 수 있을까? 기발하다! 돈을 쓸 때마다 죄책감과 불안감을 느껴왔는데 마음이 편해졌다! 다양한 반응이 있었습니다.

돈을 쓸 만큼 갖고 있음에 감사하자, 돈에 대한 긍정적인 마음을 갖자, 지출의 즐거움에서 돈을 벌고 싶다는 동기를 유발시키자, 등이 풍요노트에 자연스럽게 배어 있고 적는 동안 금전에 대한 부담감에서 조금씩 해방감을 느끼게 되리라 생각합니다.

하지만 풍요노트를 쓴다며 무작정 소비만 한다면 부자가

주문 내용

• 금액 : 8,000만 원   • 주문 도착 기한 : 2016년 7월 31일

| Daily 중요 입금액 |

머니통장

• 엄마가 사주신 밥솥	+ 150,000원
• 이사 올 세입자가 선물한 음료수 세트	+ 17,000원
• 이번 달 수입	+ 3,500,000원
• 이달 대출금 갚음	+ 500,000원
• 소셜커머스에서 영화 티켓 구입하고 절약한 돈	+ 9,000원
• 프라이팬 세트 안 사서 100% 할인	+ 150,000원

감성통장

• 거래처에서 일 잘한다고 칭찬받음. 감사 ㅋㅋ	+ 500,000원
• 남친 주중 하루 휴무 드라이브 가기로 약속 ^^	+ 500,000원
• 외모노트: 렌즈 안 껴도 반짝반짝 빛나는 예쁜 내눈에 감사	+ 1,000,000원
• 우연히 들른 커피집 사장님과 통성명 단골집하기로 인맥+1	+ 100,000원

시간통장

• 피부과에 들렀는데 환자가 없어서 안 기다리고 바로 진료봄	+ 10,000원
• 도서관에서 필요한 자료를 빌릴 수 있었음	+ 100,000원

Daily 합계	6,536,000원
목표 잔액	73,464,000원

적금항목

1 × 3의 법칙	윗집에서 아이들이 시끄럽게 뛰는데 참고 넘어갔다. (30,000 × 3 = 90,000)	+ 90,000원
없어서 감사	미혼이고 아직 아이가 없어서 자유로운 시간을 쓸 수 있다.	+ 3,000,000원

될 수 있을까요? 이제 이 항목의 내용을 잘 살펴봅시다.

홈쇼핑의 신상 프라이팬 세트 사고 싶었으나

참고 있는 거 잘 닦아서 사용   15만원 벌음

예시를 보면 "프라이팬 세트 안 사고 100% 할인 +15만 원"이라고 적었습니다. 이런 말이 있습니다. "(사면 30% 할인 이지만)안 사면 100% 할인이다!"

30% 할인, 반값세일이라는 말에 충동적으로, 묶음으로 사면 싸니까, 쿠폰의 도장을 채우면 다이어리를 받을 수 있어서… 라며 필요치도 않은 물건을 사서 쟁여놓고 이걸 왜 샀지 하며 후회한 경험이 있나요? 물론 저도 예외는 아닙니다. 그런데 풍요노트를 적으면서 내 수중의 돈으로 지출을 하며 감사하고 행복한 감정을 느끼는 것도 좋지만, 지름의 유혹을 참아내고 지갑의 돈을 잘 사수했을 때의 뿌듯함과 자신에 대한 대견함도 큰 기쁨이라는 걸 알게 되었습니다.

《마시멜로 이야기》라는 책을 통해 알려진 '마시멜로 실험' 이 있습니다. 심리학 용어로는 '만족지연능력', 쉽게는 '자제 력'에 대한 실험입니다. 5세가량의 아이들에게 마시멜로를 주고 지금 먹으면 한 개를 먹을 수 있지만 선생님이 돌아올

때까지 기다리면 두 개를 주겠다고 한 후 선생님이 자리를 비웁니다. 아이들은 그동안 못 참고 마시멜로를 다 먹어버린 아이들과 선생님이 올 때까지 기다려서 마시멜로 두 개를 먹은 그룹으로 나뉘게 됩니다. 그리고 이 두 그룹의 아이들이 성인이 되었을 때를 추적하여 이후의 삶을 비교했다고 하죠.

짐작할 수 있지만 15분 동안 기다려 마시멜로 두 개를 받은 아이들 그룹이 대체적으로 대학 진학률이 높고 좋은 직장, 높은 연봉을 받는 등 '사회적으로 성공'한 삶을 살고 있더랍니다.

이 실험은 실험 조건 설정에 비판여론도 만만치 않아 100% 곧이곧대로 받아들이기는 어렵지만, 만족지연능력에 관해서는 참고할 점들이 있습니다. 앞서 직관과 충동 부분을 소개했는데 충동적 소비는 자신이 계획한 경제적 목표를 달성하는 데 방해가 됩니다. 그런데 우리는 사람이기에 주변의 자극에 너무나 연약하죠. 당장 사고 싶고, 당장 먹고 싶고, 당장 떠나고 싶고… 그렇다고 매번 지금의 욕구를 충족시키는 데만 급급하며 살면 어떻게 될까요? 통장은 늘 마이너스에, 복부비만에, 아무 대책 없이 직장을 박차고 나온 백수가 되겠죠.

다이어트도 비슷합니다. 살을 빼려면 눈앞의 초코케이크 한 조각을 못 본 척 하는 의지가 필요하지요. 그처럼 자제력

없이는 장기적인 인생의 목표달성이나 큰 행복은 얻기가 힘들어집니다.

풍요노트의 이 항목은 충동적 소비를 자제하는 데 적용합니다. 저도 늘 경험하지만 지금 꼭 해야 할 것 같은 무언가는 한두 시간만 지나도 그 욕구가 사그라지는 경우가 많아요. 무작정 참고 인내하라는 이야기는 아닙니다. 의지로 하고 싶은 걸 누르면 에너지가 소모되기 때문에 참는 힘은 언젠가는 고갈됩니다. 다이어트를 장기간 할 경우 주중에는 절식을 하더라도 주말 한두 끼 정도는 먹고 싶은 것을 마음대로 먹으면서 스트레스를 풀도록 하지요. 그런 것처럼 목표금액을 먼저 채워가면서 급하지 않은 욕구들은 나중에 천천히 해결할 수 있도록 합니다.

예시의 프라이팬 세트라면 일단 풍요노트에 절제 항목으로 적어놓고 그래도 계속 아른거린다면 쓰던 걸 누구에게 나누어 주던가 중고 사이트에 팔던가 한 다음에! 구매한다고 메모해보세요. 아니면 한 달 뒤에 생일인데 그때 쿠폰으로 싸게 사겠다 해보세요(만족지연).

이렇게 해서 감정적으로는 스트레스 받지 않으며 목표는 목표대로 이루어갈 수 있습니다. 풍요노트, 참 똑똑하지요?

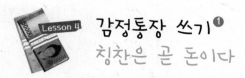

감정통장 쓰기 ❶
칭찬은 곧 돈이다

감정통장 쓰기는 직관적으로 이해하기 쉬운 부분입니다.

앞서 풍요노트는 감사와 긍정을 바탕으로 한다고 했는데요, 평소에 자신이 경험하는 일들을 긍정의 시선으로 보고 거기에 감사의 에너지를 더하는 것입니다.

주의할 것은 불쾌함, 우울함, 짜증남 등과 같은 마이너스가 되는 부정적인 감정은 풍요노트에 적지 않는다는 점입니다. 풍요노트에는 어디까지나 긍정적인 부분만 집중하고 기록하도록 합니다.

감정통장 쓰기에서 첫 번째로 주목할 점은 '칭찬'에 관한 부분입니다.

주문 내용

• 금액 : 8,000만 원   • 주문 도착 기한 : 2016년 7월 31일

| Daily 중요 입금액 |

머니 통장

• 엄마가 사주신 밥솥	+ 150,000원
• 이사 올 세입자가 선물한 음료수 세트	+ 17,000원
• 이번 달 수입	+ 3,500,000원
• 이달 대출금 갚음	+ 500,000원
• 소셜커머스에서 영화 티켓 구입하고 절약한 돈	+ 9,000원
• 프라이팬 세트 안 사서 100% 할인	+ 150,000원

감정 통장

• 거래처에서 일 잘한다고 칭찬받음. 감사 ㅋㅋ	+ 500,000원
• 남친 주중 하루 휴무 드라이브 가기로 약속 ^^	+ 500,000원
• 외모노트: 렌즈 안 껴도 반짝반짝 빛나는 예쁜 내눈에 감사	+ 1,000,000원
• 우연히 들른 커피집 사장님과 통성명 단골집하기로 인맥+1	+ 100,000원

시간 통장

• 피부과에 들렀는데 환자가 없어서 안 기다리고 바로 진료봄	+ 10,000원
• 도서관에서 필요한 자료를 빌릴 수 있었음	+ 100,000원

Daily 합계	6,536,000원
목표 잔액	73,464,000원

저금 항목

1 × 3의 법칙	윗집에서 아이들이 시끄럽게 뛰는데 참고 넘어갔다. (30,000 × 3 = 90,000)	+ 90,000원
없어서 감사	미혼이고 아직 아이가 없어서 자유로운 시간을 쓸 수 있다.	+ 3,000,000원

칭찬과 돈의 관계?

뇌신경과학의 연구에 의하면 사람이 칭찬을 받을 때 활성화되는 뇌의 부위와, 경제적인 이득을 볼 때 활성화되는 뇌의 부위가 같다고 합니다.

그러니까 우리는 칭찬을 받으면 돈이 생긴 것 같은 느낌을 받고, 돈이 생기면 누군가로부터 칭찬을 받은 기분을 느끼게 됩니다. 우리 뇌는 구조상 이 두 가지 감정을 잘 구분하지 못하니까요. 현실과 리얼한 상상을 잘 구분하지 못하는 것처럼요.

따라서 누군가에게 칭찬을 많이 해주면 그 사람에게 용돈이나 보너스를 주는 것과 같은 효과가 난다고 볼 수 있겠죠? 칭찬하는 데는 큰 노력이 필요하지도 않습니다. 그러니 아낄 필요 없이 팍팍 해줄수록 좋겠지요.

그런데 남 칭찬하는 것은 그렇다 치고 막상 내가 칭찬을 받으려면 어떻게 해야 할지 막막하다는 분도 있을 겁니다.

잠재의식에게는 나 자신의 칭찬도 타인의 칭찬 못지않게 중요합니다. 특히 자신에 대한 칭찬은 내가 나를 얼마나 소중하고 가치 있는 존재로 생각하는가 하는 '자존감'과 연결이 됩니다.

자존감은 또한 '허용하기'의 문제와 관련이 있습니다. 우리가 우주에 풍요를 요청하고 나서는 요청한 일이 내 삶에 일어날 것을 허용하는 과정을 거쳐야 합니다. 그런데 요청만 하고 허용하기를 안 하는 경우가 종종 생기곤 합니다.

허용하기 단계에서 막히는 것은 현재의식으로는 그 소원이 이뤄지기를 바란다고 생각하지만 잠재의식에서는 반대로 그 소원이 이뤄지길 바라지 않는 경우(EFT에서는 이를 '심리적 역전'이라고 표현합니다), 혹은 바라지만 허용한 다음에 일어날 변화에 대한 불안감이 심한 경우입니다. 잠재의식은 변화를 두려워하고 거부하는 성향이 있으니까요.

그러므로 삶의 모든 부분이 그렇지만 풍요노트도 연습이 필요합니다. 칭찬하기나 허용하기 등이 처음엔 어려워도, 꾸준히 풍요노트를 쓰다보면 자신의 풍요를 타인에게 나누어 줄 수 있는 능력과 함께, 풍요를 잘 받아들일 수 있는 마인드도 키워갈 수 있을 것입니다.

Lesson 5

감정통장 쓰기②
사람이 꽃보다 아름다워

감정통장 쓰기 두 번째 항목입니다. 샘플을 보면 '우연히 들른 카페에서 사장님과 단골하기로 통성명을 했다. 인맥 +1'이라 적고, 10만 원을 더했습니다.

이 내용은 새로운 사람, 거래처를 알게 되거나 연락이 끊어졌던 친구와 다시 연락이 되는 등의 일에 주고 싶은 만큼의 플러스 금액을 매기는 것입니다.

금액은 자신에게 가치가 있다고 생각되는 만큼 넉넉하게 주면 됩니다. 꼭 만나고 싶었던 연예인을 알게 되었다면 억 단위를 주어도 상관없습니다.

- 금액 : 8,000만 원
- 주문 도착 기한 : 2016년 7월 31일

| Daily 중요 입금액 |

머니 통장

- 엄마가 사주신 밥솥   + 150,000원
- 이사 올 세입자가 선물한 음료수 세트   + 17,000원
- 이번 달 수입   + 3,500,000원
- 이달 대출금 갚음   + 500,000원
- 소셜커머스에서 영화 티켓 구입하고 절약한 돈   + 9,000원
- 프라이팬 세트 안 사서 100% 할인   + 150,000원

감정 통장

- 거래처에서 일 잘한다고 칭찬받음. 감사 ㅋㅋ   + 500,000원
- 남친 주중 하루 휴무 드라이브 가기로 약속 ^^   + 500,000원
- 외모노트: 렌즈 안 껴도 반짝반짝 빛나는 예쁜 내눈에 감사   + 1,000,000원
- 우연히 들른 커피집 사장님과 통성명 단골집하기로 인맥+1   + 100,000원

시간 통장

- 피부과에 들렀는데 환자가 없어서 안 기다리고 바로 진료봄   + 10,000원
- 도서관에서 필요한 자료를 빌릴 수 있었음   + 100,000원

Daily 합계   6,536,000원

목표 잔액   73,464,000원

적금 항목

1 × 3의 법칙	윗집에서 아이들이 시끄럽게 뛰는데 참고 넘어갔다. (30,000 × 3 = 90,000)	+ 90,000원
없어서 감사	미혼이고 아직 아이가 없어서 자유로운 시간을 쓸 수 있다.	+ 3,000,000원

친구가 밥 먹여준다

'아는 사람'의 존재는 때로는 참 간절합니다. 교통사고가 났을 때, 사랑니를 뽑아야 할 때, 여행을 갈 때 우리는 먼저 아는 사람이 누가 있나 떠올립니다. 가족 중에 의료계나 법조계에 종사하는 사람이 있으면 좋다고 하죠. 얼마 전 TV쇼에서 유명강사인 김미경 원장도 돈이 없고 가난할수록 친구를 많이 사귀라고 하더군요. 특히 영업에 종사하는 분이라면 아는 사람 한 명이 얼마나 중요한지 자주 느끼시겠죠?

이렇게 인맥이 넓으면 좋다는 건 누구나 공감하지만 한편으로는 사람을 두루 넓게 사귀는 게 힘든 성격인 분도(글쓴이도 그렇습니다) 있을 거예요. 게다가 사회생활 좀 편하게 하자고 일부러 사람을 사귀자니 그것도 좀 속보이는 것 같다는 기분이 들 수 있고요.

인맥에 금전적 가치를 매기라는 건 사람을 돈 얼마를 주고 사는 인터넷 아이디처럼 취급하라는 이야기가 아닙니다.

제가 일찌감치 경험한 것 중 하나가, 돈은 하늘에서 뚝 떨어지기보다 사람을 통해서 오는 경우가 많다는 것이었습니다. 직장에서의 승진도 사장님이 나를 뽑아줘야 가능하죠. 즉, 지위가 높아지는 것은 주변 사람들이 올려주는 것이지

스스로 나는 높아지겠다! 작정해서 높아지기는 힘든 법입니다.

작가는 많은 독자들이 책을 사서 보아주어야 유명해지고, 국회의원도 유권자들이 찍어주어야 됩니다. 다시 말해 주변 사람들에게 베풀고 봉사해서 그들의 마음을 얻으면 그 결과로 성공과 지위가 따라오는 것입니다. 본인 혼자 잘난 것만으로는 한계가 있습니다. 혹시 올라간다 해도 자리보전을 하기가 어려움은 물론이지요. 가끔 지위가 높거나 돈이 많은 사람들 중에 순전히 자기가 잘나서 그렇게 된 줄 아는 못난 사람도 있지만요.

흔히 하는 이야기지만 사람은 혼자 살 수 없습니다.

눈에 보이는 지폐가 많은 것보다 보이지 않는 이런 풍요야말로 엄청난 자산의 한 부분입니다. 풍요노트는 바로 이런 점에 주목하려는 것입니다.

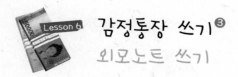

감정통장 쓰기 ③
외모노트 쓰기

외모노트 부분은 감정통장에 포함하여 필요한 때마다 쓰면 됩니다. 이 항목 또한 생각을 전환하는 훈련의 하나라고 할 수 있습니다.

성형미녀가 대세?!

다음 페이지의 이미지를 보아주세요.

이미지를 보고 갑자기 웬 성형 미인 사진? 할 것 같은데요.

언제부턴가 우리나라가 성형 강국이 되다보니, 그야말로 Before & After를 보면 "헐~! 대박! 동일인물 맞아?" 소리

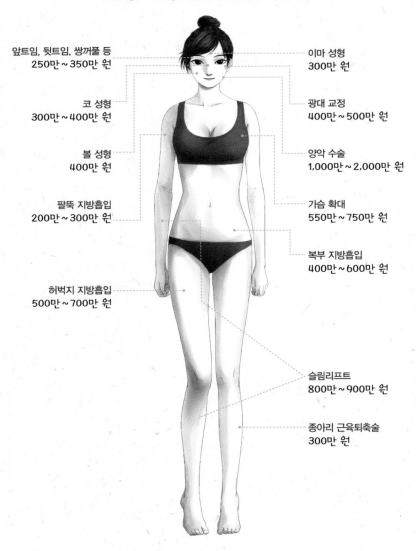

| 95kg → 48kg 전신 성형 미녀 만들기 견적서 |

앞트임, 뒷트임, 쌍꺼풀 등
250만~350만 원

코 성형
300만~400만 원

볼 성형
400만 원

팔뚝 지방흡입
200만~300만 원

허벅지 지방흡입
500만~700만 원

이마 성형
300만 원

광대 교정
400만~500만 원

양악 수술
1,000만~2,000만 원

가슴 확대
550만~750만 원

복부 지방흡입
400만~600만 원

슬림리프트
800만~900만 원

종아리 근육퇴축술
300만 원

120

가 절로 나오는 성형 사례를 종종 접하곤 합니다. 그러면서 나도 콤플렉스인 부분만 고치면 훨씬 예뻐질 텐데 라는 생각도 하지요. 문제는 늘 그렇듯 '돈'이지만요.

글쓴이는 부모님께 쌍꺼풀을 물려받아서 쌍꺼풀 수술은 안 해도 된답니다. 그런데 한편으로는 쌍꺼풀이 없어서 고민하는 분들도 많고 시술을 하는 분도 있으니까, 저라면 쌍꺼풀 수술비 50만 원은 벌고 들어가는 셈이네요?! 오우 나이스~!!! 50만 원 벌었습니다!

또 강남의 모 한방병원에서는 키 10센티를 키워주는 데 1,000만 원을 받는다고 합니다. 성장판 늘리는 시술도 있고요. 늘씬한 키가 정말 간절해서 온갖 약물 복용에 시술까지 감행하는 거죠. 그러니 키가 표준보다 큰 사람은 1,000만 원도 벌은 셈이네요!

- 연예인 한가인처럼 오뚝하고 반듯하게 생긴   +150만 원
  명품코를 물려받았다
- 김혜수 언니 부럽지 않은 풍만한 C컵 가슴을   +300만 원
  타고났다
- 바람 불면 날아갈 것 같은 여리여리한 몸매의   +500만 원
  소유자~

• 그 외에도 아름다운 머릿결, 몽골 사람 부럽지 않은 8.0 시력,

  깐 달걀처럼 매끈하고 고운 피부, 고르고 깨끗한 치아,

  안젤리나 졸리 부럽지 않은 도톰한 입술 등!!! 모두 얼마?

TV와 각종 매체에서 끊임없이 홍보하는 성형시술, 잠시 공백기를 가진 후에는 얼굴이 튜닝(?)되어 나타나는 아이돌 가수와 비교하면 지극히 평범한 내 외모에 불만이 생길 수 있죠. 사회적 분위기도 은연중에 여자들에겐 더 예쁘고, 더 어려보일 것을 강요합니다.

하지만 굳이 외모에 손을 대지 않아도, 타고나기를 부모님께 감사하게 물려받은 곳이 사람마다 어디 한 군데는 있기 마련 아닌가요? 이거 하나만큼은 자신 있어! 하는 부분 말이죠.

원래부터 타고난 감사한 신체 조건들, 이 부분을 대략 돈으로 환산하면 상당한 금액임을 알 수 있습니다. 그리고 저도 그랬지만, 특히 외모노트는 여성분들께 좋은 반응을 얻었습니다. 자신감이 생기게 해준다고요.

여기서도 마이너스 부분은 세지 않습니다. 풍요노트에는 오직 플러스 항목만 적습니다. 예를 들어 나는 눈은 참 예쁜

데 코가 낮아, 코수술 하려면 150만 원… 에고고, 견적 많이 나오네 ㅠㅠ 이런 건 항목에 쓰지 않습니다.

슬렁슬렁 풍요노트에는 오직 힘들이지 않고 받은 풍요를 적습니다. 풍요노트의 바탕은 평소에 모르고 지내지만 실은 감사하게도 이미 큰 풍요 속에 살고 있음을 인식하는 것이니까요.

남들과 비교하느라 지치고, 평범한 내 모습이 별 것 아닌 것 같지만 의외로 우리는 상당히 멋진 사람이랍니다. 풍요노트를 쓰다보면 알게 될 거예요.

시간통장 쓰기
현재를 선물이라 하는 이유
present

예시의 두 번째 항목, 시간 통장에 관한 설명입니다. 시간 통장 부분은 글쓴이가 특별히 중요히 여겨서 강조하고 싶은 부분이기도 합니다.

시간은 곧 돈이다

한번 상상해볼까요?

85세 정도의, 살날이 얼마 남지 않은 엄청난 재산을 가진 한 노인이 이 글을 읽는 여러분의 남은 삶과 자신의 전 재산을 맞바꾸자고 합니다. 25세라면 60년 정도의 인생을

주문 내용

• 금액 : 8,000만 원   • 주문 도착 기한 : 2016년 7월 31일

| Daily 중요 입금액 |

머니 통장

• 엄마가 사주신 밥솥	+ 150,000원
• 이사 올 세입자가 선물한 음료수 세트	+ 17,000원
• 이번 달 수입	+ 3,500,000원
• 이달 대출금 갚음	+ 500,000원
• 소셜커머스에서 영화 티켓 구입하고 절약한 돈	+ 9,000원
• 프라이팬 세트 안 사서 100% 할인	+ 150,000원

감정 통장

• 거래처에서 일 잘한다고 칭찬받음. 감사 ㅋㅋ	+ 500,000원
• 남친 주중 하루 휴무 드라이브 가기로 약속 ^^	+ 500,000원
• 외모노트 : 렌즈 안 껴도 반짝반짝 빛나는 예쁜 내눈에 감사	+ 1,000,000원
• 우연히 들른 커피집 사장님과 통성명 단골집하기로 인맥+1	+ 100,000원

시간 통장

• 피부과에 들렀는데 환자가 없어서 안 기다리고 바로 진료봄	+ 10,000원
• 도서관에서 필요한 자료를 빌릴 수 있었음	+ 100,000원

Daily 합계	6,536,000원
목표 잔액	73,464,000원

적금 항목

1 × 3의 법칙	윗집에서 아이들이 시끄럽게 뛰는데 참고 넘어갔다. (30,000 × 3 = 90,000)	+ 90,000원
없어서 감사	미혼이고 아직 아이가 없어서 자유로운 시간을 쓸 수 있다.	+ 3,000,000원

500억 정도의 재산하고 바꾼다는 계산이죠.

여러분은 그 제의를 수락할 건가요?

단번에 네, 그러겠습니다! 할 분은 별로 없겠죠? 대부분 한 10년 정도의 삶과 돈을 바꾸라면 어떻게 고려해보겠는데 남은 인생 전부랑 바꾼다는 건 좀…;;

이런 반응이겠지요. 아무리 당장 돈이 필요하고 사정이 절박한 분이라고 해도 말입니다.

그럴 수밖에 없는 게 인생은 한 번 뿐이고, 흘러간 시간은 다시 찾을 수 없다는 걸 누구나 알기 때문이겠죠? 그래서 예로부터 시간을 소중히 하라는 격언은 수없이 많고, 많은 곳에서 시간관리를 누누이 강조하는 것이고요.

한편으로 현대사회에서는 '시간의 가치 = 돈'으로 환산하기도 합니다.

더운 여름을 시원하게 보내려고 극장에 가서 2시간짜리 호러 영화 한 편을 보는 데 9,000원을 지불합니다.

일주일에 2번 4시간 요가 레슨을 받는 데 15만 원이 듭니다.

이렇게 '시간은 금'이라는 격언이 있긴 하지만, 지금은 '시간은 돈'이라는 말로 바꿔도 전혀 어색하지 않네요.

이 부분을 풍요노트에 적용해보겠습니다.

- 친구를 만나서 3시간 정도 커피마시고 수다를   + 50만 원
  떨었더니 마음이 가벼워졌다.
- 퇴근길 버스가 30분 일찍 와줘서 집에 빨리 와서   + 7만 원
  쉴 수 있었다.
- 남친과 1박 2일 동해안 일출 보는 여행을 갔는데
  너무나 행복한 시간이었다.   + 1,000만 원

시간통장 항목에는 이런 식으로 자신의 시간을 돈의 가치로 환산해서 적습니다.

우리는 길을 가다가 만 원짜리 지폐 한 장을 흘리면 기를 쓰고 찾으려고 하죠. 아까운 마음에 눈물이 날 때도 있고요. 그런데 정작 삶이 유한하다는 것은 까맣게 잊고서 천금 같은 시간을 멍하니 흘려보내는 일이 많다는 것은 참 아이러니 합니다.

지금 땡전 한 푼 없는 가난뱅이더라도, 우주는 시간만큼은 매일 공평하게 분배해주고 있어요. 예들 들어 이건희 회장의 24시간이나 서울역 앞 노숙자의 24시간이나 객관적인 시간은 동일합니다.

가끔 김연아 선수의 피겨스케이팅 경기를 보면서도 느꼈지만, 저 한 번의 대회를 위해 김연아 선수가 준비하는 시간의 가치는 대체 돈으로 따지면 얼마만한 것일까… 상상하기조차 어렵지요.

시간을 돈으로 환산한다고 하니 금전 만능주의자가 되는 건가 걱정할 수 있겠지만 그렇지 않습니다. 다만 아름다운 자연을 감상하는 시간, 마음 통하는 친구들과 보내는 시간, 책을 읽고 깨달음을 얻는 시간들 모두 풍요의 한 부분인데, 그걸 자주 잊어버리기에 와 닿기 쉽게 금전적인 가치로 바꾸어보는 것뿐이니까요.

그리고 '친구와 이야기하고 마음이 가벼워진 시간'을 20만 원으로 할 수도 있지만, 50만 원으로 매기는 분도 있겠죠? 이 부분은 적어놓고 나중에 살펴보면 자신이 좀 더 기분 좋고 감사한 느낌을 받는 일이 무엇인지 한눈에 알아볼 수 있습니다. 즉 내가 좋아하는 게 뭔지 잘 모르겠다 하는 분들에게는 풍요노트가 자기성찰의 도구로 쓰일 수도 있답니다.

다시 말씀드리지만 노력하지 않아도 누리는 풍요가 많음을 알아차리는 것이 슬렁슬렁 부자가 되는 첫 번째 비결입니다.

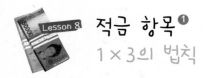

적금 항목 ❶
1×3의 법칙

여기에서는 적금 항목을 구성하는 내용에 대해 살펴보겠습니다. 1×3의 법칙은, 풍요는 나눌수록 커진다는 말을 체험해보는 항목입니다.

예시를 보면 1×3의 법칙으로 30,000원×3＝90,000원으로 내용은 윗집에서 아이들이 시끄럽게 뛰는데 항의 안 하고 층간소음을 참고 넘어갔다고 적었지요?

즉 1×3의 법칙은 남에게 친절을 베푼 것, 화를 낼 법한 상황인데 이해하고 넘어간 것에 대해서 3배로 보상받는다고 계산하는 내용입니다.

- 금액 : 8,000만 원   • 주문 도착 기한 : 2016년 7월 31일

| Daily 중요 입금액 |

머니 통장

• 엄마가 사주신 밥솥	+ 150,000원
• 이사 올 세입자가 선물한 음료수 세트	+ 17,000원
• 이번 달 수입	+ 3,500,000원
• 이달 대출금 갚음	+ 500,000원
• 소셜커머스에서 영화 티켓 구입하고 절약한 돈	+ 9,000원
• 프라이팬 세트 안 사서 100% 할인	+ 150,000원

감정 통장

• 거래처에서 일 잘한다고 칭찬받음. 감사 ㅋㅋ	+ 500,000원
• 남친 주중 하루 휴무 드라이브 가기로 약속 ^^	+ 500,000원
• 외모노트: 렌즈 안 껴도 반짝반짝 빛나는 예쁜 내눈에 감사	+ 1,000,000원
• 우연히 들른 커피집 사장님과 통성명 단골집하기로 인맥+1	+ 100,000원

시간 통장

• 피부과에 들렀는데 환자가 없어서 안 기다리고 바로 진료봄	+ 10,000원
• 도서관에서 필요한 자료를 빌릴 수 있었음	+ 100,000원

Daily 합계	6,536,000원
목표 잔액	73,464,000원

적금 항목

1 × 3의 법칙	윗집에서 아이들이 시끄럽게 뛰는데 참고 넘어갔다. (30,000 × 3 = 90,000)	+ 90,000원
없어서 감사	미혼이고 아직 아이가 없어서 자유로운 시간을 쓸 수 있다.	+ 3,000,000원

선행을 베풀면 3배로 돌아온다

당장 수입으로 이어지지 않아도, 타인에게 베푼 것은 제 경험상 약 3배 정도로 돌아오는 것 같습니다. 그렇게 계산할 수 있는 근거는,

아이들이 쿵쿵 거려 윗집에 올라가서 따졌다 → 아이들 엄마가 죄송하다고 한다 → 아이들 엄마가 아이들에게 조용히 좀 하라고 짜증낸다

이렇게 3연쇄 반응을 보면 알 수 있는데요. 상대방을 대하는 태도는 나, 상대방, 그리고 상대방이 대하는 제3자에게까지 영향을 주게 됩니다. 따라서 작은 선행, 친절, 이해도 별 것 아닌 것 같지만 돌아올 때에는 같은 방식으로 몇 단계를 거쳐 3배 이상 커져 돌아옵니다.

적금 항목에 포함된 이유는 당장의 수입은 아니지만 선행과 나눔은 언제든 돌려받는다고 보기 때문입니다.

선행과 나눔에 관해서 중국의 원료범 선사 이야기를 소개할까 합니다(자세한 내용은 《요범사훈(불광출판사)》이라는 책에 나옵니다).

원료범 선사는 과거시험을 보러 가다가 우주에서 모르는 것이 없다던 당대의 역학자를 만나 운명을 감정받게 되었습니다. 그 예언이 얼마나 족집게였는지 하나도 틀리는 게 없어서 원료범 선사는 운명은 정해진 것이구나 체념하고 자식도 없이 55세에 죽는다는 말을 믿고 살았답니다. 그러던 어느 날 초파일에 절에 갔다가 한 노스님에게 '공과격'이라는 책을 전해 받게 되었죠. 내용인 즉 공덕과 과실을 따져 점수를 매기는 책이었습니다. 죽은 사람 한 명을 살리면 3,000점, 연고 없는 시체를 묻어주면 500점, 부모에게 거역하면 -50점, 이런 식이었습니다.

이후로 원료범 선사는 매일 수행을 하면서 공과격의 점수를 관리했습니다. 그 결과로 3년 후부터 인생이 완전히 변하여 본래 자신의 팔자에 없다던 아들을 둘이나 낳고 고급관리가 되었으며 75세까지 무병장수했다고 합니다. 그래서 원료범 선사는 공덕을 쌓는 것과 남에게 적선하는 것을 가장 강조하여 가르침을 전했다고 합니다.

공덕과 과실을 적고 운명이 바뀌었다고 하니 공과격이라는 책은 어쩌면 풍요노트의 고대 버전이 아닐까 하는 생각도 해보았습니다. ㅎㅎ

적금 항목 ❷
없어서 감사해요!

적금 항목을 구성하는 두 번째 내용, '없어서 감사'를 살펴볼게요.

대부분 우리는 뭔가 있으면 있을수록, 많으면 많을수록 좋다고 여깁니다. 어느 정도는 사실입니다. 돈과 시간은 많으면 많을수록 좋겠죠. 하지만 모든 것이 무조건 많을수록 좋은 건 아닙니다. 예를 들어 친구가 너무 많은 남자를 생각해 보세요. 여자친구 입장에서는 시도 때도 없이 친구들 모임에

주문 내용

• 금액 : 8,000만 원 • 주문 도착 기한 : 2016년 7월 31일

| Daily 중요 입금액 |

머니 통장
- 엄마가 사주신 밥솥 + 150,000원
- 이사 올 세입자가 선물한 음료수 세트 + 17,000원
- 이번 달 수입 + 3,500,000원
- 이달 대출금 갚음 + 500,000원
- 소셜커머스에서 영화 티켓 구입하고 절약한 돈 + 9,000원
- 프라이팬 세트 안 사서 100% 할인 + 150,000원

감정 통장
- 거래처에서 일 잘한다고 칭찬받음. 감사 ㅋㅋ + 500,000원
- 남친 주중 하루 휴무 드라이브 가기로 약속 ^^ + 500,000원
- 외모노트: 렌즈 안 껴도 반짝반짝 빛나는 예쁜 내눈에 감사 + 1,000,000원
- 우연히 들른 커피집 사장님과 통성명 단골집하기로 인맥+1 + 100,000원

시간 통장
- 피부과에 들렀는데 환자가 없어서 안 기다리고 바로 진료봄 + 10,000원
- 도서관에서 필요한 자료를 빌릴 수 있었음 + 100,000원

Daily 합계 6,536,000원

목표 잔액 73,464,000원

적금 항목

1 × 3의 법칙	윗집에서 아이들이 시끄럽게 뛰는데 참고 넘어갔다. (30,000 × 3 = 90,000)		+ 90,000원
없어서 감사	미혼이고 아직 아이가 없어서 자유로운 시간을 쓸 수 있다.		+ 3,000,000원

불려나가 데이트 할 시간이 없는 남친… 맘에 들까요?

가지 많은 나무 바람 잘 날 없다는 속담도 있듯 대가족은 가족 간의 갈등도 그만큼 많은 게 사실입니다.

저는 어려서 명절이 참 싫었어요. 왜냐? 명절인데도 세배하고 용돈 받을 친척들이 별로 없어서요. 어린 마음에 왜 우리 집은 이렇게 친척들이 없을까? 했지만 성인이 되고서는 친척이 많은 게 꼭 좋지만은 않다는 걸 알았습니다.

명절 때 모이면 넌 언제 결혼하냐? 여태 놀고 있으면 취업은 언제 하냐는 등… 친척들 때문에 명절이 싫다는 사람도 있을 정도로 가족 간의 간섭은 알게 모르게 부담스럽죠.

이 부분이 풍요노트 항목과 무슨 상관이 있느냐? 예를 들어 밸런타인데이가 되었는데 연인 없이 혼자 지낸다고 해봅시다. 알콩달콩 함께 보낼 사람이 없어서 외로워~ 라고 생각할 수 있죠.

하지만 금전적인 부분으로는 남친이 없기 때문에 초콜릿과 선물 살 돈은 굳었다는 것이죠! 크리스마스요? 연인 없어도 케빈과 함께(☺☺) 치맥 시켜 먹고 따뜻한 집안에서 실컷 자고 편안하게 보내면 크리스마스라는 난리통에 지불해야 할 식사비, 차비, 선물값… 고스란히 남습니다.

저도 결혼 전에 결혼이 늦어져서 심란한 때가 종종 있었습니다. 그런 때마다 싱글일 때가 좋은 거야~ 결혼은 될 수 있으면 늦게 해~ 라는 먼저 시집간 친구들 말이 염장을 지르는 소리로 들리기도 했는데 나중에 보니 일리는 있더라고요.

제 나이에 일찍 결혼한 친구들은 지금 초등학생의 학부형인 애들이 많은데요. 친구들이 아이 키우는 거 보면 돈과 시간은 그렇다 치고 그 정성, 후~ 말로 다 못할 정도더군요. 하지만 저는 아이가 있다면 썼을 돈을 온전히 자신을 위해서 쓸 수 있거든요. 남편과 여행도 다니고, 예쁜 옷, 가방도 사고, 책도 마음껏 사서 읽고….

이렇게 풍요노트에 돈 계산을 해보았더니 어라? 생각 외로 내가 그렇게 비참한(?) 신세는 아니네?! 라고 느낄 수 있었죠. 적으면서 기분도 금방 좋아졌습니다.

- 밸런타인데이, 화이트데이인데 싱글이다   + 선물값 50만 원
- 여름휴가 같이 갈 사람이 없어서 집에서 방콕했다. ok!

  휴가비 굳음 + 100만 원

- 차가 없어서 버스타고 다니니까 기름값이 올라도 상관이 없다

  기름값 굳음 + 한 달 35만 원

- 우리 애가 공부를 못해서 학원에 안 보내도 되니

특히 이 항목은 내가 못 가진 것을 가진 사람을 보고 부러움을 느낄 때 활용하면 좋습니다.

없어서 안 좋다는 건 현재의 한 면만 보고 판단하는 것이랍니다. 앞서 돈과 시간은 많으면 많을수록 좋다고 했지만 따지고 보면 그렇지도 않거든요. 돈이 많으면 그 돈을 관리하는 데 그만큼 신경을 써야 하고, 시간이 남아돈다는 건 한편으로 삶이 지루하다는 뜻도 되겠죠. 무엇이든 적당히, 내가 감당할 수 있을 만큼의 소유가 바람직한 것 같습니다.

결론적으로 하고 싶은 이야기는 지금 없는 것에 안달하고 좌절하고 우울해하지 말고, 긍정적인 면을 찾아서 나의 풍요로 만들자는 점이에요. 우리가 누릴 수 있는 풍요는 어디에나 있습니다. 애쓰지 않아도 생각을 조금만 바꿔보면 말이죠.

풍요노트 중간 점검!
작심삼일 극복하는 법

책을 읽고 자극받아 노트도 한 권 새로 사고, 매일 풍요노트 적어야지 의욕을 불태웁니다.

그렇게 1주일 정도 지났는데 별 변화도 없고, 막상 시작해 보니 특별한 풍요도 없는 것 같고, 안 쓰면 어떻게 되는 거지? 악필인데 귀찮기도 하고….

이렇게 뭔가를 의욕 있게 시작했는데 작심삼일이 되어버려서 고민인가요?

글쓴이도 처음부터 풍요노트 쓰기가 잘 된 건 아니었습니다. 당연히 양식 자체를 제가 만든 것이다 보니 처음에는 정해진 틀도 없었고, 기분 좋으면 쓰고 나쁘면 말고 식이었죠. 당장 핸드폰 요금을 내야 하는데 통장에 잔고가 없을 때는 이런다고 뭐가 달라지나 하는 생각도 많이 했고요.

누구나 모처럼 이제부터는 예전의 내가 아니야! 하며 굳은 마음을 먹고 뭔가를 시작했는데 만만치 않은 현실의 저항 앞에서 의욕을 상실하는 경험을 자주 합니다. 그러면서 자신이 읽은 책의 내용을 의심하기도 하고, 뭔가 더 좋은 게 없나? 싶어 자기계발서라면 다 사 모으는 자기계발서 오타쿠(글쓴이 본인ㅎㅎ)가 되기도 하고요.

저 또한 그렇게 꽤 많은 시간을 끈기 없는 자신을 탓하다가 생각을 바꾼 계기가 있습니다.

첫 경험, 그 이전으로 돌아갈 수 있을까?

고인이 된 가수 신해철이 방송 인터뷰 중에 했던 말인데요.

"섹스는 물론 좋은 일이지만, 너무나 강렬하기 때문에 한번 경험하고 나면 이전 상태로 돌아간다는 게 불가능하다. 그러니 가급적이면 섹스 경험 이전에 할 수 있는 것들을 충분히 경험한 후, 때가 되면 천천히 섹스를 경험해도 된다."

말한 사람은 남자였지만 여자인 저도 깊이 공감이 가는 내용이었습니다. 저 또한 예상치 못했던 시기에 사랑에 빠지고, 첫 경험을 하게 되었는데 확실히 경험 전과 경험 후는 많은 것들이(?) 달라졌으니까요. 사랑에 대한 마인드도 바뀔 수밖에 없었고요.

다시 말해 무언가 현저히 다른 인식의 경험이 생긴 사람은 그 이전으로 돌아가는 게 불가능하다는 것입니다. 첫 경험도 그렇지만 남성들 같은 경우엔 군입대도 마찬가지라고 할 수 있지요.

글쓴이는 아직까지도 매직아이를 보지 못하는데요, 잘 보는 분들은 매직아이는 한 번 본 후에는 애쓰지 않아도 저절로 입체 그림이 보인다고 하더군요. 또 숨은 그림 찾기도 숨은 그림을 한 번 찾고 난 후에는 전체 이미지 속에서 발견한 그 부분이 계속 눈에 들어오는 걸 경험했을 거예요. 알고 나면 고의로 외면하지 않는 한, 그 깨달음과 함께 살 수밖에 없다는 이야기죠.

내가 원하는 삶을 살 수 있는 어떤 획기적인 지식을 발견했다고 해볼게요. 시크릿, 양자물리학, EFT, 최면, 명상, 슬렁슬렁 풍요노트 등….

이런 지식들을 접하고서 그간의 경험과 인식의 한계를 깨버리면 전혀 다른 생각과 시선으로 사건과 사물을 대하게 됩니다. 주어진 대로 사는 게 아니라, 생각과 감정을 조절하면 원하는 삶을 만들어갈 수 있다는 가능성의 세계로 진입하는 거지요.

그러므로 달라지지 않았다 믿고 과거의 상황을 리마인드해서 미래를 지레짐작하는 게 문제일 뿐, 원치 않아도 뭔가를 알게 된 이후의 내 모습은 잠재의식 차원에서 달라져 있습니다. 첫 경험 섹스 전/섹스처럼요.

임사체험이나, 우주비행을 경험한 많은 분들이 이런 이유들로 인해 이전과 전혀 다른 삶을 사는 경우가 많다고 합니다.

이번에도 작심삼일이야, 효과가 없나봐? 라는 성급한 마음을 내려놓으면 풍요노트가 곧 이전과는 다른 경험을 하게 해줄 것입니다. 한 번 틀을 깨고 나오면 물 흐르듯 앞으로만 갈 뿐, 다시 뒤로는 돌아가지 않으니까요. 굳이 무의미하게 시간을 되돌리려는 노력을 하지 않는다면 풍요는 이 책을 읽는 이 시간 이후부터 나의 삶에 슬렁슬렁 흘러들어올 것입니다.

풍요노트로
미래일기를 써보자

자기계발에 도움을 주는 여러 가지 쓰기 방식 중에 '미래일기'가 있습니다. 보통의 일기가 현재, 오늘에 일어난 일을 적는 것이라면 글자 그대로 미래일기는 내가 이루고 싶은 것을 모두 이루었다고 가정한 미래의 어느 날 시점에서 일기는 쓰는 방법입니다.

예를 들어 저의 경우라면 "2018년 10월 22일, 베스트셀러 작가인 나는 특강 초청을 받고 미국 하버드 대학교에 와있다. 학생들이 나를 알아보고 환영해주어 기쁘다." 이런 내용을 구체적으로 묘사하며 쓰면 되겠죠.

일기 쓰는 게 익숙하지 않거나 미래일기가 막연하게 느껴지는 분들께 풍요노트를 미래일기식으로 쓰는 방식을 소개해드릴까 합니다. 풍요노트는 항목이 구체적이라서 쓰기 편하고 저 또한 가끔 풍요노트를 미래일기식으로 써보곤 했는데 상당히 놀라운 경험들을 했거든요.

특히 하루하루 경제적인 풍요의 편차가 크지 않아서 풍요노트 쓰기가 단순하게 느껴질 때 좋습니다. 즉 풍요노트의 시점을 미래로 훌쩍 이동해봅니다. 예를 들어 1년 후의 풍요노트라고 생각하고 내가 원하는 대로 일이 전개되는 내용으로 상상해서 써봅니다.

- 매매로 내놓은 집이 팔고 싶은 가격에 팔려   + 5,000만 원
  이득을 보았다
- 이력서를 낸 회사에서 합격되었다고   + 1,000만 원
  연락이 왔다. 연봉 1,000만 원 인상
- 남친 사업이 대박 나서 갖고 싶던   + 200만 원
  명품백을 사주었다.
- 연금 복권에 당첨되어 평생 매달   + 12억 원!
  500만 원을 수령한다, 아싸!

이런 식으로 풍요노트의 항목에 따라 나눠 적으면 됩니다.

예시로 적었지만, 연금복권 부분을 뺀 위에 3개의 예시문은 모두 제 실제 경험이기도 합니다. 다이어리 뒷부분에 미래일기식으로 풍요노트를 적은 다음 잊어버렸는데, 나중에 다이어리 뒷부분을 쓰려고 펼쳤다가 이 내용이 적혀 있는 것을 보고 깜짝 놀랐죠. 그냥 상상해서 적었을 뿐인데 실제로 적은 것과 비슷한 일들이 생겨서 내가 바랐던 풍요를 누리게 되었거든요.

풍요노트는 각자 쓰기 편한 곳에 적어도 되지만, 날짜가 적혀 있는 다이어리 양식을 추천합니다. 오늘이 2월 14일이라면 약 6개월 후, 8월 14일 날짜의 다이어리에 원하는 내용의 풍요가 들어온 것을 적어두고 잊어버립니다. 그러면 8월 달의 다이어리를 쓸 때쯤 그 페이지를 펼치면 예전에 기입한 것과 비교해서 어떤 변화가 생겼는지 확인할 수 있지요. 별자리 운세나 사주를 믿는 것보다 이런 방식으로 자기 삶을 스스로 예언하고, 스스로 실현해나가는 것이 바람직하다고 여깁니다.

풍요를 예행연습하자

이 내용은 글쓴이가 목표로 한 풍요를 달성하는 데 많은 도움을 받은 방법입니다.

풍요를 미리 경험하는 심상화

대부분 돈을 경제적 목표로 잡을 때는 그 돈이면 할 수 있는 뭔가가 있기 때문일 거예요. 그런 면에서 자신이 원하는 경제적인 풍요가 이루어졌다 치고 그 돈으로 무얼 할지 미리 상상해보는 것이 좋겠지요.

예를 들어 20억이 통장 잔고에 있습니다. 마음대로 쓸 수 있는 돈입니다. 그렇다면 이 돈으로 무엇을 할까요?

우선 저는 지금 사는 곳에서 200평대의 전원주택을 한 채 사겠습니다. 6억 정도면 될 것 같네요. 그리고 3억은 부모님께 드리고, 1억으로 좋은 차를 한 대 사고, 역시 비슷하거나 조금 더 좋은 차를 한 대 뽑아 남편에게 선물하겠습니다. 한 2,000만 원 정도는 5만 원짜리 지폐로 007가방에 넣어서 남편 용돈으로 주겠습니다. 남동생 내외에게 역시 1억을 주고요. 동물보호연대에 기부도 하겠습니다.

도서관에 필적하는 서재꾸미기 인테리어에 도전~, 6개월 정도 해외여행을 다녀오겠습니다. 태국, 캄보디아, 싱가포르, 말레이시아 동남아의 좋다는 휴양지는 싹 돌아보겠습니다. 호텔은 무조건 특급호텔 스위트에서 자구요. 캐나다는 로키투어를 하고, 미국 라스베이거스에 가서 특급호텔에서 머물면서 도박도 좀 해보고요.

간 김에 브로드웨이에서 뮤지컬도 보고 미국 스타벅스에서 본토 스타벅스의 커피 맛도 느껴보고요. 두바이, 이집트에도 가고 면세점에서 사고 싶은 샤넬의 가방과 까르띠에의 반지 등을 사고, 꺄~ ⟩_⟨

이렇게 글을 쓰고 있자니 자연스럽게 상상이 되어 기분이 저절로 좋아집니다. 직접 해보면 좀 의기소침해 있다가도 얼마나 쉽게 기분이 달라지는지 체험할 수 있을 거예요.

내용을 디테일하게 추가하면 심상화는 더 또렷해집니다. 단순히 수입차라고 하기보다 BMW 미니 컨트리맨, 아우디 콰트로를 사겠다거나 특급호텔도 포시즌 호텔! 하는 식으로 구체적으로 상상합니다.

풍요노트를 쓰다가 목표가 얼른 안 이루어지는 것 같거나 기분전환이 필요할 때, 이 심상화를 하면 동기부여가 되어 다시 긍정적인 감정에 집중할 수 있습니다.

최고를 경험하는 놀이

그런데 이런 심상화를 할 때 실감이 안 나고 별 감흥이 없는 경우가 있습니다.

보통사람들은 생활이 고만고만하다 보니, 진짜 돈이 많아진 다음 생활이 어떨지 상상이 잘 안 되기도 합니다. 부자가 되고 싶다고 늘 생각은 하지만 막연하게 드라마에서 본 대로 수입차를 타겠구나, 명품으로 휘감겠구나, 으리으리한 저택에 살겠구나 정도로는 잠재의식이 자극받고 동기가 유발되기에 부족하고요.

이런 점을 보완하기 위해 제가 가끔 활용한 방법이 있습니다. 나에게 상을 주고 싶을 때, 일명 '최고를 경험하는 놀이'를 하는 것이었습니다.

방법은 일 년에 2~3번 정도 자기 연봉의 10분의 1 정도의 돈을 (연봉이 2,000만 원이면 200만 원) 평소에 꼭 경험해보고 싶었던 부자 아이템을 갖는 데 지출하는 것입니다. 예를 들면 좋아하는 연예인이 묵었던 특급호텔에서 하룻밤을 숙박해보는 거죠. 아니면 우리나라에서 일식으로 가장 유명한 일식집에서 한 끼를 먹어보는 것도 괜찮고, 명품가방을 사도

됩니다. 오페라를 VIP석에서 보는 것도 좋고요.

여기까지 읽고 한 달 월급이 넘는 돈을 한꺼번에 지출하는 것은 무리야! 라고 할 수 있겠네요. 하지만 위의 경우는 어디까지나 예일 뿐이고 경험해볼 수 있는 부자 아이템에는 생수처럼 비교적 저렴한(?) 상품도 있습니다. 부자들이 마신다는 최고급 수입 생수가 한 병에 6,000원에서 10,000원 정도 하는데요. 200만 원은 힘들더라도 10,000원 정도는 한 번쯤 지출할 수 있지 않을까요?

'최고를 경험하는 놀이'는 막연히 짐작했던 부에 대한 느낌을 현실적으로 바꾸어줍니다. 지불한 돈 이상으로 만족하고 감동받아서 역시 부자가 되어서 이런 것을 매일 누리고 싶어! 라는 날도 있을 것이고, 큰돈을 지불했지만 평소에 내가 누리던 것과 차이점을 못 느낀 날도 있을 것입니다. 예를 들면 생수의 경우, 아무리 비싸도 물맛은 별 차이가 없겠지요. ☞ ☞

또 최고로 비싸고 좋은 것을 경험해보면 그 이하의 물건들에 대해선 다소 무덤덤해지는 경향이 있습니다.

돈이 없으면 안 쓸 것 같지만, 돈이 부족하다고 여기는 상태에서 오히려 자잘한 지출이 많은 경우가 있습니다. 가격이 싸니까 괜찮겠지! 하지만 싼 물건은 그만큼 품질이 안 좋은 경우도 있고, 실증도 쉽게 납니다. 이런 소소한 지출이 모여 나의 재정에 큰 구멍이 되기도 하고요.

저도 우리나라에서 가장 비싸다는 특급호텔의 뷔페를 먹으러 갔을 때 정말 맛있게 먹고 나와서 '아, 이런 곳이라면 돈이 아깝지 않아! 좀 더 부자가 되어서 자주 오고 싶어~'라는 기분 좋은 자극을 받았습니다. 그러면서 맛집을 찾아다니며 쓰는 돈은 오히려 줄어들었어요. 그때 그 뷔페만한 곳이 없어. 한 번을 가도 그 식당에 가고 싶어, 그런 생각을 했으니까요.

게다가 그동안 호텔 뷔페하면 한 끼 식사비로는 과하다 생각했는데, 월요일 여성고객은 할인해주는 등의 이벤트도 있다는 것을 알았습니다. 비싸다는 것은 제 선입견이었을 뿐이죠.

'최고를 경험하는 놀이'를 제안하는 것은 과소비를 조장하려는 의도는 아니랍니다. 풍요에 대한 예행연습을 해서 잠재의식에 동기를 부여할 수 있도록 하는 것입니다.

내 월급으론 무리야, 너무 비싸, 다음 달 생활비는 어쩌고? 이런 습관적인 결핍감을 버리는 순간, 우리는 갖고 싶은 것들을 자연스럽게 가질 수 있게 됩니다.

가장 좋은 것을 가질지, 덜 좋은 것을 가질지 모두 내가 선택하기 나름입니다.

　　글쓴이는 미신이든 과학이든 가리지 않고 좋다는 건 한 번쯤 해보는 성격입니다. 돈에 관해서라면 부적이니 풍수 인테리어니 잡다하게 시도해보고 또 그 내용을 인터넷 카페를 통해 공유도 했죠. 풍요노트도 그 일환이고요.

　　그리고 "재물운 부적으로 바탕화면을 바꿨더니 돈이 들어왔어요!"라는 내용의 글을 접하면 "에이～ 설마 그거 바꾼다고 돈이 들어오겠어?" 안 믿는 분도 있고, "그래? 나도 한 번 해봐야지!" 하는 분도 있을 겁니다. 실천한 다음에도 다시 두 부류로 나뉩니다. "풍요노트도 쓰고 돈 들어왔다는데 나는 왜 아무 변화가 없지… 난 뭘 해도 안 되더라고…." 자포자기하는 분도 있는가 하면 "처음부터 믿은 내가 잘못이지!" 하는 분도 있고요.

저 같은 경우에 결과가 나오는 비법은 따로 있는 게 아니고 이미 그전에 깔아놓은 '밑밥'이 많기 때문입니다.

이걸 씨뿌리기 작업이라고 말하는데 벌려놓은 일이 그만큼 많다는 뜻입니다. 출판사를 통해서 돈이 들어오든, 집세를 통해 돈이 들어오든, 아니면 블로그를 통해 돈이 들어오든, 남편을 통해 돈이 들어오든, 사업장 세금 환급 등등. '물고기야 한 마리만 걸려라!' 하는 마음으로 펼쳐놓은 촘촘한 그물이 많습니다.

긍정확언의 어머니인 루이스 헤이 여사의 확언에도 보면 돈은 꼭 월급과 같은 고정적인 수입을 통해서만 들어오는 게 아니라고 하죠. 그 말을 받아들인다면 막연히 기대만 할 게 아니라 언제 어디서든 돈이 들어올 수 있게 통로를 만들어두는 작업을 하는 게 좋겠지요.

나는 사회초년생이라 집세? 남편? 도 없고 그 흔한 블로그도 안 하는데요 라는 사람에게도 나름대로 방법이 다 있습니다.

예를 들면 풍요노트의 적금 항목 1×3의 법칙 부분의 경우가 해당됩니다. 저는 실제로 이 부분의 도움도 많이 받았어요. 돌려받을 걸 기대하고 베푼 친절이 아닌데 어느 순간 도움이 필요할 때 적절한 인맥이 되어 금전적인 이득을 준 경우가 있습니다. 책을 출판하는 과정에서 종종 이런 도움을 받았고, 가장 쉽게는 엘리베이터에서 자주 쿵쾅거리는 윗집 아이를 착하다며 쓰다듬어 보냈더니 윗집에서 미안하다며 행주랑 세제 선물세트도 보내왔었고요.

이런 사소한 친절은 나중에 돌려받을 수도 있고, 아닐 수도 있습니다. 하지만 적어도 친절을 베푼 순간 내가 먼저 기분이 좋아진다는 장점이 있어요. 그것만으로도 참 행복한 일입니다. 열린 마음으로 할 수 있는 한 좋은 열매를 거둘 수 있는 씨를 많이 뿌려두는 것이 풍요로워지는 습관입니다.

핸드폰 화면에 부적 하나 달랑 띄워 놓았다고 돈이 저절로 들어오지는 않습니다. 부적도 띄워놓고, 이벤트에 응모도 하고, 연락이 뜸했던 친구의 SNS에 댓글도 남기고 하면서 돈의 통로를 활짝 열어두는 행동을 합니다. 그러던 어느 날 늘 정신없이 바쁜 직장에 다니는데 갑자기 상사의 외근으로 그날 하루는 월급루팡을 할 수 있었다면, 이것도 예상치 못한 풍요라고 할 수 있겠지요. ^^

사실과 사실 아님 구별하기

《슬렁슬렁 부자되는 풍요노트》를 접하기 전에 《시크릿(살림출판사)》이라는 책을 읽어봤나요? 《시크릿》에서는 유인력(끌어당김의 힘)의 법칙에 관해서 설명합니다. 이 세상엔 정말 그런 법칙이 존재하고 있을까요?

∶

요 근래 카피라이터 박웅현의 《책은 도끼다(북하우스)》라는 책을 읽었습니다. 소설가 김훈의 글을 소개하는 장에 실린 글에서 일부를 인용해봅니다.

요즘 텔레비전 뉴스를 보면 많은 기자들이 의견을 사실인 것처럼 전달합니다. 가령 이런 거죠.
"민족 최대의 명절 설, 헤어지기 싫은 어머님의 마음을 가득 안은 기차는 다시 서울로 향합니다."
이 문장은 100% 사실만 전하고 있는 것은 아니예요. 사실 그대로 전하자면 설 명절이 끝나서 사람들을 태운 기차가 다시 서울로 돌아온다는 것뿐입니다. 그런데 여기에 '헤어지기 싫은 어머님의 마음을 가득 안은'이라는 주관적인 감상을 덧붙이고 마치 사실인 것처럼 이야기하는 겁니다. 우리는 의견과 사실을 구별해내는 능력이 있어야 합니다.

저자는 의견과 사실을 구별해내야 한다고 말하고 있죠. 제가 지금 답하려는 것도 그 맥락입니다.

의견과 사실, 바꿔 말해서 사실과 사실 아님을 구별하라는 것입니다. 우주 택배 체험담을 책으로 펴내고 이런 질문을 심심치 않게 받았습니다. "시크릿(혹은 끌어당김의 법칙)이란 게 정말 사실인가요?"

답은 이렇습니다. 《시크릿》은 론다 번이라는 작가의 책이고, 《코즈믹 오더링》도 제가 지은 책입니다. 개인의 경험과 철학이 책이라는 꼴에 담겨 세상에 나온 것으로 책의 내용은 지은이의 의견과 주장일 뿐, 진리라는 보장은 없습니다. 그렇기에 하나의 사건을 놓고도 책마다 다른 해석이 가능한 것입니다. 얼마나 많이 팔리고 얼마나 유명한가에 상관없이, 어떤 자기계발 방법론이라도 100% 진리이며 사실인 것은 없다고 생각합니다.

나아가 사실과 사실 아님을 구별할 줄 아는 능력은 삶을 지혜롭게 사는데 큰 도움이 됩니다. 예를 들어 볼까요. 어떤 사람이 "내 월급은 너무 작아." 라고 말할 때 이 말은 과연 사실일까요? 사실이 아닙니다. "내 월급은 100만 원이야." 라고 한다면 사실인 문장입니다. 비슷하게 어떤 여성이 이렇게 말을 한다고 해볼까요? "남자친구는 요즘 애정이 식었어." 이 말 또한 사실 그대로인 말은 아닙니다. "남자친구는 지난 3일 동안 먼저 전화하지 않았어."라고 해야 사실인 표현이 됩니다.

예시의 문장은 어떤 느낌인가요? 내 월급이 작아, 남자친구는 요즘 애정이 식었어 라는 표현은 모두 주관적이며 감정적인 표현이 아닙니다. 그런데 우리는 이 말이 사실이라고 생각하며 다른 사람에게도 자신이 믿는 이 사실을 전달합니다.

"월급이 너무 작아. 쥐꼬리야."

"그렇게 쥐꼬리 월급으로 어떻게 사냐? 때려 치지 그래?"

"그럴까? 열심히 해도 달라지는 거 없는 더러운 세상…"

이렇게 점점 더 불행한 감정의 고리가 깊어지게 됩니다. 그러나 후자의 문장으로 표현할 때 100만 원 월급, 3일 동안 연락하지 않은 남자친구는 느낌보다는 객관적인 정보 전달이 우선입니다. 그러면 자신의 현재위치가 파악되고, 자신이 원하는 것 역시 구체화하기 쉽습니다. 나는 200만 원 월급을 원한다, 나는 남자친구가 매일 연락하길 바란다, 처럼요.

객관화를 하면 많은 분들이 그리도 어려워하는, "내가 원하는 게 뭔지 모르겠다."의 고민에서 좀 더 쉽게 벗어날 수 있습니다. 별 것 아닌 것 같지만 사실과 사실 아님을 구별하는 일은 이렇게 중요합니다.

사실과 사실 아님을 잘 구별하려면 어떻게 해야 할까요? 이성의 힘입니다. 스스로 생각하는 힘을 길러야하지요. 김유신 장군이 애마의 목을 칼로 벤 일화도 전하지만, 우리의 잠재의식은 그 이야기 속의 말과 비슷합니다. 술에 취한 듯 멍한 정신상태에서 잠재의식이라는 말은 늘 가던 곳, 이제 더 이상은 발길을 끊어야 하는 그곳으로 여전히 나를 데려다 놓을 것입니다. 이성의 힘으로 잠재의식이라는 말의 고삐를 그러쥐어야 자신이 원하는 곳으로 갈 수 있지요. 잠재의식은 연습이며 습관의 영역입니다. 사실과 사실 아님을 구별하는 연습을 지금부터 시작해보세요. ^^

4부

이것이 알고 싶다!

풍요노트 Q&A

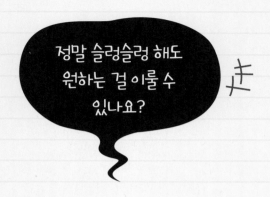

정말 슬렁슬렁 해도
원하는 걸 이룰 수
있나요?

Q 그동안 저는 열심히 노력하고 부지런히 돈을 모아야만 부자가
될 수 있다고 생각해왔습니다. 그런데 풍요노트에서는 반대로
슬렁슬렁을 강조하니 좀 의아합니다. 정말 슬렁슬렁 해도 이루어지
나요?

A 답을 드리기 전에 저도 질문 하나 할게요. 열심히 일하
면 누구나 성공할 수 있을까요?

단적인 예로 노력에 비례해서 성공하는 거라면 저희 부모
님은 재벌이 되었어야 하는데 현실이 그렇지 않은 걸 보면
뭔가 다른 게 있는 것 같습니다. 저는 저희 부모님만 유난히
고생하신 줄 알았는데 자라면서 보니까 제 또래 부모님 세
대는 대부분 어렵고 힘들게 사셨더군요. 우리나라가 워낙 가
난했던 시절이니까요.

하지만 부모님 또래에 부자나 재벌이 없는 건 아닙니다. 그렇다면 그 사람들은 모두 노력을 많이 해서 부자가 된 것일까요?

책을 내고 카페를 운영하면서 보아왔지만 자기계발의 의지가 있는 분들을 보면 게으름을 피워서 잘 안 풀리는 경우는 거의 없었습니다. 대부분 보통사람들은 착하고 순진해서 열심히, 할 수 있는 만큼 최선을 다해 노력을 합니다. 누군가의 마음을 얻기 위해 최선을 다하고, 사업이 잘 운영될 수 있게 최선을 다하고, 건강이 좋아지도록 열심히 운동하고, 좋은 성적이 나오도록 열심히 공부하고….

문제는 그런데도 기대한 만큼의 결과가 나오지 않아 더 좌절하게 된다는 것이죠.

그렇다면 열심히 하는 것과 슬렁슬렁 해도 되는 것, 그 차이는 무엇일까요?

여러분이 하루 종~~~일 인형 눈을 붙인다고 해봅시다. 눈은 침침해서 빠질 것 같고, 허리는 꺾어질 것 같고, 손톱은 피가 날 지경이고, 그렇게 열심히 하루에 12시간 정도 일해서 돈을 받는다면 얼마를 벌 수 있을까요?

보통 인형 눈 하나에 10원, 한 시간에 50개 정도 붙인다고 하면 열심히 해서 하루에 6,000원을 벌 수 있겠네요? 정말 한눈 안 팔고 죽어라 해도 말이죠.

극단적인 사례지만 제 의도는 '요령'이 중요하다는 것입니다.

요령은 게으름을 부리는 게 아니라 어떤 게 더 가치가 있는지(인형 눈 붙이는 일이 나은지, 인형 디자이너가 되는 게 나은지), 어떤 게 더 효율적인지(인형 눈을 한 시간에 200개씩 붙이는 법은 없는지)를 알고 적절하게 힘을 넣고 뺄 줄 아는 것입니다. 시험을 볼 때도 배점이 높은 문제에 먼저 대비를 하고, 그 다음에 단순암기 문제를 대비해야겠죠.

사람에게 하루 24시간, 쓸 수 있는 시간은 정해져 있습니다. 하지만 잠재의식을 효율적으로 움직이는 방법을 알면 10시간 할 일을 5시간 만에 할 수도 있습니다. 이렇게 하는 걸 보고 사람들은 저 사람은 '슬렁슬렁' 하는데도 잘 풀린다고 말하는 것입니다.

많은 분들이 결과가 잘 안 나오면 내가 게을러서, 내가 노력을 안 해서, 내 머리가 나빠서… 라면서 자기를 책망하고 미워합니다. 지금도 뭔가 엄청 힘주어 가면서 지치도록 자신을 몰아붙이다 이 책을 보게 됐을지 모릅니다.

'열심히'가 필요한 순간은 그리 많지 않습니다. 오히려 열심히 의지를 불태우겠어! 라고 하면 다음 순간에는 반드시 그만큼의 에너지 소진 혹은 반작용만 거세게 일어나더군요. 프로 운동선수들도 좋은 성적을 낼 때는 물 흐르는 듯 자연스럽게 경기에 임할 때입니다.

반복하는 이야기지만 풍요노트는 잠재의식을 바꿔서 슬렁슬렁 풍요를 끌어오는 방법입니다. 이루려고 너무 애쓰지 말고 편하게~ 편하게~ 되면 좋고, 아님 말고 식으로 하세요. 최소한 아등바등 살았던 날들에 비해 스트레스부터 확 줄어드는 것을 느낄 수 있을 거예요.

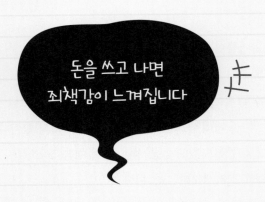

Q 학생인 저는 부모님께 용돈을 받아서 쓰는 입장이라 돈을 쓰면 죄책감이 느껴지곤 합니다. 풍요노트에서는 가치 있는 지출에는 감사의 감정을 가지라고 했는데 부모님을 뵈면 죄송스럽고… 소비는 안 할수록 좋은 게 아닌가요?

A 먼저 학생인 만큼 하고 싶은 것도, 사고 싶은 것도 많은 나이일 거라 생각이 듭니다. 아직 경제력이 없는 상태에서 부모님께 의존하다보니 지출을 하면서 죄송한 마음이 든다는 부분도 공감이 가고요.

비슷한 사례로 책을 읽고 메일을 보낸 주부님이 계십니다. 빡빡한 가계살림에 늘 자녀와 직장생활을 하는 남편 위주로 지출을 하다 보니 어느 순간부터 자신을 위해서 돈을 쓰는 것이 사치로 느껴졌다고 하더군요. 남편분이 회사에서 승

진도 하고 연봉도 높아져도 여전히 백화점에서 작은 립스틱 하나 사는 것도 눈치가 보인다고 했습니다.

다른 사람들은 그 주부님을 부잣집 사모님으로 알고 있지만 그분의 마음은 가난했던 것입니다. 지금은 괜찮더라도 그 주부님이 먼저 자신을 잘 대접하지 않는다면 언젠가 남편과 자녀들의 업신여김을 받을지도 모르고요. 굉장히 흔한 케이스죠.

사람을 위축시키고, 주눅 들게 하는 가장 큰 감정 중의 하나가 죄책감입니다. 누군가에 대하여 미안함이 생기면 그 사람과 대등한 관계가 될 수 없습니다. 뭔가 빚을 지고 있다는 생각에 상대방이 부당한 요구를 해도 참고 받아들이려 하게 되고요.

이런 점을 이용해서 죄책감을 통해 상대방을 조종하려 드는 사람도 있습니다.

일부러는 아니지만 때로는 부모님이 자녀들을 복종하게 하려고 죄책감을 유발하는 경우도 있고, 연인 간에도 주도권을 잡으려고 여친(혹은 남친)에게 미안함을 유발하기도 합니다. 정부에서 국민들에게 단결을 호소할 때 국가가 없으면 국민도 없다며 애국심을 강조하기도 하죠. 이런 모습은 꼭

1대1의 인간관계에만 나타나는 게 아니라 사회관계에서 다양하게 나타납니다.

중요한 것은 죄책감을 가진 사람은 자존감도 낮을 수밖에 없다는 것입니다. 자존감이 낮다는 것은 '나는 좋은 것을 누릴 자격이 없어'라고 생각한다는 뜻이고요. 따라서 자존감이 낮으면 경제적인 풍요도 그렇지만 다른 면에서도 부당한 대우를 받고 좌절을 경험하기 쉽습니다.

풍요노트에서 지출과 소비도 긍정적인 관점에서 볼 수 있다고 말씀드렸지만, 저는 소비 예찬론자는 아닙니다.

생각해보면 우리의 일상 대부분은 무언가를 만들어내기보다는, 무언가를 소비하는 비율이 훨씬 높습니다. 아침에 일어나서부터 잠드는 순간까지 심지어 화장실에서 큰일을 볼 때도 변기, 휴지, 비누, 수건 등이 필요한데 어느 것 하나 우리가 직접 만들어낸 것은 없죠. 적나라하게 표현하면 '똥 쌀 때도 돈이 듭니다.' ㅎㅎ 평소에 아무 생각 없이 그냥 쓰니까 가치를 모르고 지나치는 것뿐이죠.

이렇게 뭔가를 소비하는 생활을 피해갈 수 없다면 어차피 소비하는 마당에 가치 있게 쓰고 감사히 여기는 게 훨씬 바람직하지 않을까요?

마지막으로 내가 학생의 부모라면 내 아이가 엄마아빠의 주머니 사정을 염려해서 먹고 싶은 것도 참고, 보고 싶은 책도 안 사본다면 오히려 마음이 아플 것 같네요(물론 사고 싶은 게 한 때 유행하는 고가의 등산점퍼라면 다르겠지만요). 어릴 때일수록 많이 누리고 경험해야 합니다. 그 가운데 앞으로 자신의 평생 직업이 될 무언가를 발견할 수도 있으니까요. 부모님께서도 그걸 더 바라지 않을까 합니다.

　앞서 말씀드린 주부님의 경우도 풍요에 대한 생각이 바뀌면서 이젠 한 달에 한 번씩 자기를 위해 선물을 구입하는 날을 정했다고 했어요. 남편분도 전보다 자신감이 생기고 밝아진 아내를 더 사랑해준다고 전해왔습니다.

진짜 부자는
어떤 사람일까요?

Q 풍요노트를 읽다보니 평범한 사람인 저도 어떤 면에서는 부자라는 생각이 드네요. 하지만 상식적으로 부자는 돈이 많은 사람, 예를 들면 강남에 사는 사람인데 이 책을 쓴 작가님은 부자를 어떤 사람이라고 정의하는지 궁금합니다.

A 우리는 흔히 강남이 집이라면 그 사람이 부자일 거라고 생각하죠. 그런데 강남에서 오랫동안 살아온 분의 고민 아닌 고민을 들은 적 있습니다. 강남이 지금처럼 땅값이 엄청난 동네가 되기 전부터 그 지역에 살면서 현재까지 집 한 채를 가지고 살아온 강남 사람의 경우입니다. 그분은 살던 집이 이제는 수십억을 호가해도 예전 삶과 크게 다르지 않다고 합니다. 오히려 부동산 가치가 올라가면서 재산세 같은 세금만 많아져서 소득이 계속 늘어나지 않는 한 살기

가 더 힘들어진다는 하소연이었습니다.

남들은 강남에 집을 소유하고 있다면 엄청난 부자라고 생각하는데 실상은 그렇지 않다는 것이죠.

결국 '부 = 소유'라는 공식은 정확하지 않다는 뜻입니다.

수십억에 이르는 돈이 있어도 그 돈을 쓸 수 없다면 무슨 의미가 있을까요? 땅이 그린벨트에 묶여서 아무것도 못하고 근근이 사는 사람을 정말 부자라고 할 수 있을까요?

여전히 우리는 누가 '뭘, 얼마나, 가졌느냐'를 놓고 그 사람의 부를 판단하는데 그런 판단은 무의미합니다. 아무리 많은 것을 소유했어도 마음대로 쓸 수 없다면 그저 장식품, 심하게는 처치곤란 쓰레기일 따름입니다.

글쓴이가 풍요노트를 통해서 전하려는 핵심 중의 하나는 부자는 '돈을 가치 있게 쓰는 사람'이라는 부분입니다. 오스카 와일드의 명언 가운데 '비판적인 사람은 가격 price 은 알지만 가치 value 는 모른다'라는 말이 있습니다. 여기에서 가격이란 내가 지불한 금액을 뜻하고, 가치는 내가 누리는 금액을 말합니다.

따라서 같은 금액을 지출했어도 그 물건의 가치는 저마다 다르고, 그런 의미에서 소비 또한 무조건 나쁜 게 아닙니다.

자기 꿈을 위한, 더 나은 삶을 위한 '가치 있는 지출'은 돈을 버는 것과 같습니다. 그렇게 쓰여진 돈은 풍요로 가는 통로입니다. 예로 유기견을 보살피는 모임에 5만 원을 기부했습니다. 과연 이 돈이 지출로 인해서 줄어든 돈이라고 할 수 있을까요?

요즘 경제가 어렵다고 하니 심리적으로 위축되어 돈을 쓴다는 것에 죄책감을 느끼는 경우가 많습니다. 돈이 없으니까 안 돼, 사지 마, 아껴야 해, 매사에 스스로 제한하다 보면 오히려 의욕상실에 빠지기 쉽죠.

하지만 뭔가 갖고 싶고, 하고 싶은 욕망은 한 사람을 발전시키는 원동력이 되기도 합니다.

저는 14평짜리(실평수는 7평) 오피스텔보다 넓고 편안한 30평대 이상 아파트에서 살고 싶었어요. 이동할 땐 대중교통보다는 편하게 내차가 있기를 바랐고, 싸게 사서 대충 입다가 질려버리는 옷보다 조금 비싸도 두고두고 꺼내 입을 수 있는, 어디에 내놓아도 상표가 부끄럽지 않은 브랜드의 옷을 원했습니다. 놀러갈 때는 허름한 민박보다 깔끔하고 서비스 좋은 특급호텔에서 자고 싶었습니다. 직장인으로 하루종일 회사에 매여 있기보다 자유롭게 일하면서도 많은 돈을 버는 직업을 갖고 싶었습니다.

그렇게 하고 싶고, 되고 싶었던 욕망들은 나를 지금의 자리로 데려다주었고 결과적으로 저는 이전보다 더 많이 행복해졌습니다.

신용카드를 자르고 체크카드만 쓰세요. 씀씀이를 줄이고 저축을 하세요. 밤낮없이 열심히 일하세요. 그러면 부자가 될 수 있어요.

이런 뻔한 소리를 하려는 게 아니랍니다. 저 또한 그런 식으로 돈을 벌지 않았고, 그럴 필요도 없다는 것입니다. 슬렁슬렁 기쁜 마음으로 자신에게 가치 있는 것을 구입하고 감사하면서 얼마든지 풍요를 누리고 부자가 될 수 있습니다.

이 글을 읽는 여러분은 소유의 부자의 한계에서 벗어난 진짜 부자가 되시길 바랍니다.

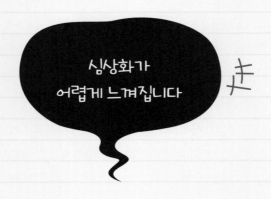

심상화가
어렵게 느껴집니다

Q 풍요노트를 쓰며 확언도 하고 긍정적인 심상화도 연습하고 있습니다. 그런데 풍요노트를 적는 거나 확언은 그리 어렵지 않은데 심상화는 구체적으로 잘 그려지지 않아 어렵게 느껴집니다. 어떻게 하면 심상화를 쉽게 할 수 있을까요?

A 요즘 안타깝게도 카드빚에 몰려서 일가족이 음독자살을 했다거나 하는… 극단적인 선택을 한 분들의 이야기를 뉴스에서 듣곤 합니다.

이런 문제는 한 사람이 완전히 인생의 끝자락에 몰려서 더 이상 해결할 방법이 없다고 스스로 생각할 때, 자신에게 다른 선택권이 전혀 없다는 극단적인 생각에 빠질 때 생기는 일입니다.

남이 나 대신 무언가를 결정하고 선택해주는 게 좋고 편하다는 분들도 많지만, 그런 분들조차 어떤 부분만큼은 스스로 결정하고 선택하고 싶어 하죠.

즉 성인의 증표 중 하나로 '자기결정권', 다른 말로 자유의지를 들 수 있기 때문에 많은 사람들이 자신에게 선택할 권한이 있음을 중요하게 여기고, 더 많은 선택권을 가지려고 노력합니다. 돈이 많아서 좋은 점은? 역시 선택권이 넓어진다는 것이죠.

월수입이 50만 원인 사람이 살 수 있는 가방 가격의 선택권은 10,000~50,000원 사이가 된다면, 억대 연봉을 받는 사람은 10,000~5,000,000원이 가능하겠죠. 더 넓어질 수도 있고요. 선택권이 넓어진다는 것은 자신의 취향에 따라 고르고 싶은 것을 얼마든지 고를 수 있다는 이야기입니다.

이렇게 사람에게는 자기결정권(자기선택권)의 범위가 성공의 중요한 부분을 담당합니다. 자기결정권이 좁아져 있으면 극단적인 선택을 하기 쉽습니다. 시야가 완전히 좁아져 마음이 코너에 몰리기 때문에 다른 해결책이 없다고 여기고 절망하게 됩니다.

예를 들어 남자친구와 헤어졌는데 앞으로 다시는 나를 사랑해줄 사람이 없을 것 같다… 이런 생각에 빠지면 무조건 헤어진 남친한테 매달리는 선택을 하죠. 집착이라서가 아니라 결정할 수 있는 게 없다고 여기고, 자기가 할 수 있는 유일한 필사적인 선택을 하는 것입니다. 하지만 많은 분들이 경험하겠지만 그 남자 말고는 나를 사랑해주는 남자가 없다? 이건 전혀 사실이 아니죠.

그렇다면 자기결정권과 심상화는 어떤 관계가 있을까요?

심상화를 할 때 자기 이외의 요소가 들어가면(그가 고백을 한다, 그녀가 선물을 해준다 등) 자기결정권을 벗어나기 때문에 잠재의식에서 의심이 생깁니다. 네가 남을 어떻게 할 수 있어? 이렇게 반발하죠.

물론 타인에게는 유익하되 나의 이익과는 별 상관없는 심상화는 영향을 받지 않지만, 타인이 특정한 행동을 해주어야 나의 이익이 성취되는 심상화는 잘 안 되거나 효과가 미미한 경우가 있습니다. 그러면 어떻게 해야 할까요?

답은 역시 자기결정권입니다. 즉, 심상화의 내용 안에 내가 컨트롤할 수 있는 부분만을 포함시킵니다. 내가 컨트롤할 수 있는 것은 '나의 감정, 나의 기분, 나의 행동'입니다. 남을 포함시키면 반발이 생깁니다.

따라서 누군가에게 무엇을 받는 오더링이라고 하면 그 사람이 해줘서 혹은 그 사람한테 받아서 입이 귀에 걸린 '나의 모습과 감정'을 이미지화 하면 됩니다.

심상화를 설명하는 많은 책들에서 기분 좋은 느낌을 가지라고 강조하는 이유가 여기에 있답니다.

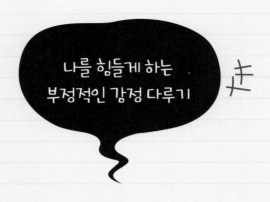

나를 힘들게 하는
부정적인 감정 다루기

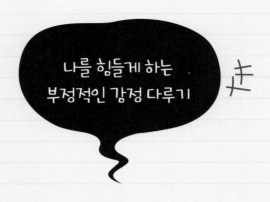

Q 풍요노트는 긍정과 감사가 기본이라고 했는데, 쓰는 과정에서 자꾸 부정적인 감정이 생깁니다. 이렇게 쓴다고 과연 될까 싶기도 하고요. 부정적인 감정은 어떻게 다스릴 수 있을까요?

A 목표와 부정적인 감정… 이 둘의 관계는 참으로 엄청나게 많은 질문을 받았던 부분이고, 아직도 받고 있는 부분이네요.

여기에서는 먼저 부정적인 감정이 과연 무엇을 의미하는가? 부터 이야기해보려 합니다.

162에 48킬로 S라인의 멋진 몸매를 갖는 우주 택배를 주문한다고 합시다. 그러면 현재 몸무게에서 약 10킬로를 빼야 합니다.

이런 목표를 세운 여러분이 자기 전에 피자 2조각, 치킨

한 마리, 생크림 케이크 2조각, 맥주 500cc를 맛있게 먹고 잠자리에 들었습니다.

∙
∙
∙

다음 날 아침에 일어나면 기분이 어떨까요?

다이어트를 한 번이라도 시도해본 분들은 알겠지만, 저런 상태로 먹고 잤다가 아침에 일어나면 "아오~~~ 짜증나~!!! 내가 왜 그랬을까!" 허공에 발차기라도 날리고 싶은 기분일 거예요.

반대로 저녁 6시 이후에 가볍게 야채 주스 한 잔만 마시고 고픈 배를 움켜쥐고 일찍 잤다! 아침에 일어나니 전날보다 브이라인에 가까워진 내 얼굴(ㅎㅎ). 이런 상태라면 발걸음도 상쾌하게 학교 또는 직장으로 향하게 되겠죠?

즉, 목표를 확실하게 정했을 경우 목표에서 멀어지면 부정적인 감정이 생기고, 목표와 가까워질수록 긍정적인 감정이 생깁니다.

그러니까 내가 이루기로 마음먹은 꿈, 혹은 목표가 있을 때 그 목표를 향해 한발 한발 열심히 나아가고 있으면 부정적인 감정은 생기지 않습니다. 부정적인 감정은 내가 그 목표에서 이탈해서 다른 곳을 보고 있을 때 잠재의식에서 알려주는 것이죠.

헤이~ 너 방향을 잘못 들었어. 그쪽이 아니야~ 라고 말이에요.

글쓴이 같은 경우에도 나는 사람들에게 좋은 영향을 주는 베스트셀러 작가가 될 거야! 하면서 열심히 창작 활동에 몰입하고 있을 때는 세상 근심 걱정을 다 잊어버립니다. 반면에 목표에서 눈을 돌려 이번 달 내야 할 청구서를 보고 있으면 기분이 불쾌해집니다. '나갈 돈이 이렇게나 많은데 글 쓴다고 쌀이 나오나. 헐~ 어느 세월에 베스트셀러ㅠㅠ' 이런 감정이 스멀스멀 올라오죠.

그럴 때 정신을 차리고 슬렁슬렁 풍요노트를 써봅니다. 아, 내가 누리는 풍요가 이렇게 많구나! 곧 채워지겠지? 하면 다시 긍정 모드로~~ 이런 식으로 반복된답니다.

다시 말해 이루고 싶은 꿈, 목표를 이루는 데 도움이 되는 작은 액션이라도 취한다면 부정적인 감정은 잘 생기지 않습니다. 부정적인 감정은 그 방향으로 행동하지 않고 멍하니(멍한 경우 잡생각이 많아지고, 잡생각은 부정적인 감정으로 쉽게 이어집니다) 손을 놓고 있거나 오히려 목표와는 반대되는 방향으로 행동하면 생겨납니다.

기분이 좋지 않을 때 일부러라도 입꼬리를 올리며 미소를 지으면 기분이 좋아진다고 합니다. 우리는 감정이 행동으로 이어진다고 생각하지만(기분이 좋아야 인사를 하지!) 사실은 그 반대인 경우가 더 많고, 효과적이기도 하죠(인사를 하니 기분이 좋아지네?). 사람의 내면과 외부는 별개가 아니라서 자극이 생기면 그 자극에 해당하는 감정이 저절로 생겨나기 때문이죠.

부정적인 감정은 애써 억누르려고 하면 오히려 잠재의식의 반발심만 커지게 만듭니다. 자연스럽게 그 감정을 인정하고, 단 시선을 돌리는 법을 연습하면 해결되리라 봅니다. 무엇보다 감정을 다스리는 비결은 '목표를 향해 움직이는 작은 발걸음 하나'라는 것을 기억하면 좋겠어요.

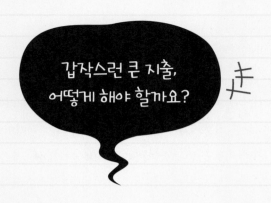

갑작스런 큰 지출,
어떻게 해야 할까요?

Q 슬렁슬렁 풍요노트를 실천 중입니다. 그런데 지름신이 와서 고가의 물건을 덜컥 구매하게 되었네요. 풍요노트 덕에 작은 돈은 잘 모여서 좋았는데 갑자기 큰돈을 쓰게 되어 마음이 불편합니다. 이럴 때 풍요노트를 어떻게 활용해야 할까요?

A 고가의 물건 – 자동차, 고가의 명품, 오디오, 최신상 IT기계 등등 – 을 구입하고 나면 많은 분들이 좋아하는 물건을 손에 넣어서 기분 좋은 것도 잠시, 이내 다른 생각이 듭니다.

우선 큰 지출을 했으니 이제부터 절약해야겠어! 라는 근검절약 모드가 발동합니다. 안 하던 전기코드 뽑기도 실천하고, 스타벅스 커피도 끊어보고, 친구 만나는 횟수도 줄이겠다고 생각하죠.

문제는 절약모드에 들어가서 자기가 평소에 누리던 것을 못 누리고 궁핍하게 지내면 큰 지출을 하게 만든 물건에 대한 만족감이 점점 떨어진다는 것입니다.

36개월 할부로 최신형 중형차를 장만했다면 어떨까요? 한 달에 한 번 가던 뷔페도 끊어야 되고, 어머니 생신인데 20만 원 드릴 걸 10만 원으로 줄여야 되고, 화장품도 샘플을 얻어다 씁니다. 그러는 한편 큰 차를 샀더니 보험료도 비싸, 통행료도 비싸, 기름값은 왜 자꾸 오르는지. ㅠㅠ

원하던 것을 구입해서 기분이 좋아야 하는데 시간이 지날수록 부담이 가고 짜증나는 상황에 직면하게 되겠죠.

주인이 그 물건을 감당하지 못 하면 그 물건은 더 이상 내 것이 아닌 겁니다. 살 때는 좋았는데 감당이 안 되어 중고카페에 내놓는 물건들이 얼마나 많은가요.

해결책 중 하나는 계획에 없던 큰돈을 썼을 때 꼬릿말처럼 따라오는 생각에 주목하는 것입니다. 즉 '다른 부분에서 아껴야지, 절약해야지!'라고 하기보다 '나는 이 물건을 부담 없이 감당할 수 있도록 좀 더 많은 풍요가 생기기를 허용한다' 하며 풍요노트를 꾸준히 쓰는 거예요. 그러면 생각 외의 수입이 나타날 수 있습니다.

절약하라는 습관적인 조언들을 많이 하지만, 그보다 생각하는 관점 자체를 바꾸는 것이 더 중요합니다. 오해 중의 하나는 부자가 되는 것과 지출을 줄이는 것은 별개라는 점입니다. 많은 수입＋관리능력이 부자가 되게 해주지, 지출만 줄여서는 고생스러울 뿐 부자가 될 순 없습니다.

그릇이 커야 큰돈을 번다는 말이 있는데, 큰 지출이 있으면 그에 맞는 큰 수입이 들어올 자리가 생겼다는 의미로 받아들이세요. 우주는 항상 균형을 맞추려고 하니까요. 큰 지출을 하고 무리했다고 아껴야지, 줄여야지 하면 자신이 관리할 수 있는 풍요의 크기가 언제나 예전 그대로 멈춰 있게 됩니다. 200cc짜리 컵에 1.5리터의 물을 담을 수는 없겠죠?

사람은 심리적, 육체적으로 자신의 균형점을 정하고 그 안에서 생활하려 하고, 균형이 깨지면 원상회복 하려는 성향이 있는데 이를 항상성恒常性이라고 합니다.

쉽게 말해 심리적인 항상성이 그 사람의 한계이기도 합니다. 잠재의식이 범위를 딱 정해놓고 그 안에서만 움직이면 겉으로는 아무리 부자가 되고 싶다, 풍요를 불러오자 해도 변화가 생기지 않습니다. 변화가 있으면 즉시 원래로 돌아가려는 힘이 작용해서 늘 고만고만한 상태에 머물게 됩니다. 따라서 자신의 범위를 넓히고 싶다면 이 항상성의 범위를 넓혀야 되는 것이죠.

그러니 일단 큰 지출을 했으면 다른 부분에서 줄여야 한다는 강박을 내려놓고 자신이 그 물건을 소유하고 누릴 만한 자격이 있음을 인정해주세요. 그를 계기로 더 큰 수입이 생길 수 있음을 허용해주세요.

한동안 익숙지 않아서 좀 불안하겠지만, 시간이 지나서 잠재의식이 감당하는 범위가 넓어지면 정말 그에 걸맞는 수입이 생깁니다. 그렇게 조금씩 풍요의 범위를 넓혀 나갑니다.

결론적으로는 큰 지출을 했어도 죄책감 가지지 말고(왜냐하면 죄책감은 대상을 밀어내는 성질이 있기 때문에, 연인 간에도 어느 한쪽이 다른 사람에게 죄책감을 가지면 그 관계는 점점 멀어집니다) 자기에게 그 지출을 감당하고도 남을 큰 수입이 생길 것을 허용하며 구입한 물건을 기쁜 마음으로 사용하면 됩니다.

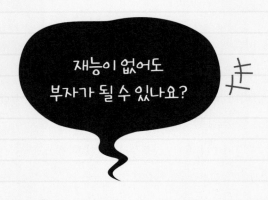

재능이 없어도
부자가 될 수 있나요?

Q 풍요노트와는 별개의 질문입니다. 부자가 되고 싶은 평범한 학
생인데요, 문제는 제가 딱히 잘하는 게 없다는 점입니다. 성공
하고 유명해진 사람들을 보면 뭔가 재능을 한가지씩은 타고나는 듯
한데 저는 아직까진 자신에게서 그런 것을 못 찾았어요. 저처럼 재능
이 없는 사람도 부자가 될 수 있을까요?

A 아직 학생이 발견하지 못한 재능이 있으리라고 믿습니
다만, 그건 나중에 찬찬히 찾아보기로 하고 정말 특출
한 재능이 없다는 전제하에 답을 드려봅니다.

저희 남편이 늘 머리를 자르러 가는 이발소가 있어요. 그
야말로 옛날 이발소인데 아저씨가 머리를 참 공들여 자르세
요. 바리깡 같은 거 안 쓰고, 항상 가위로 하죠.

가끔 남편 따라가서 기다릴 때가 있는데 두어 평 남짓한

가게에 아저씨 혼자 이발을 하고 부인으로 보이는 아주머니가 손님 머리를 감겨줍니다. 계산도 하고요. 머리 자르는 가격은 7,000원인데 염색＋이발까지 해도 15,000원 받아요. 싸도 너무 싸죠? ㅎㅎ

하루는 또 남편 따라가서 머리 자르는 동안 멍하니 티비를 보고 있는데 그날 이발소 사모님 친구 분이 왔어요. 두 분이 하는 이야길 언뜻 들었는데, 너희 신랑은 재주가 있으니 어디 가도 밥은 안 굶겠다며 친구 분이 부러워했죠. 자기 남편은 퇴직하고 집에만 있다고요. 그랬더니 이발소 사모님이 그래요.

재주가 맞긴 맞는데, 요만한 재주 때문에 입에 풀칠이나 하고 살지 큰돈을 못 번다(어딜 가도 밥은 안 굶는 손재주 하나만 믿고 열심히 돈 벌 궁리를 안 한다는 뉘앙스).

이런 거 해서 큰돈 벌기 힘들다, 돈 버는 사람은 따로 있다고 그러더군요.

우리는 흔히 재능이 있어야 돈도 잘 벌 거라는 생각들을 합니다. 골프 하나만 잘해도, 피겨스케이트 하나만 잘해도, 춤만 잘 춰도, 아니면 얼굴만 예뻐도….

그런데 그런 걸 잘하는 사람이 주목도 받고 돈도 버는 건 맞지만 정말 큰돈은 누가 버는가? 따지면 통닭 잘 튀기는 사람보다 프랜차이즈 회장, 연예인보다는 기획사 사장(양현석 사장을 보세요 ⁎ ⁎), 작가보다는 출판사 사장이 돈을 더 많이 벌거든요. 요즘은 직접 콘텐츠 만들지 않아도 링크만 해주고 돈 받는 사이트도 많고요.

자기가 뭔가 재능이 있어서 그 재주만 있으면 어딜 가도 밥은 안 굶는다, 이런 분들은 오히려 그 재능만 믿고 게을러지는 경우가 종종 있습니다. 모두 그런 건 아니겠지만요.

대표적으로 구글이나 페이스북, 아마존 같은 외국의 사례를 봐도 큰돈을 버는 것은 아이디어나 결단력에서 나오는 부분이 많아요. 이런 부분을 통틀어 돈 버는 재능이라고도 할 수 있겠습니다만, 또 엄밀하게 돈 버는 능력과 돈 관리하는 능력은 다르거든요.

난 잘하는 게 없어서 돈벌이도 별로… 뭐라도 잘 해야 직장을 그만둘 텐데… 하지만 실제론 그렇지도 않다는 겁니다. 타고난 것과 상관없이 돈 버는 머리, 돈 버는 재능은 후천적으로 가능하다는 게 제 생각입니다. 금수저니 흙수저니 재능을 타고나야 부자가 된다느니… 그런 고정 관념은 버리십시다.

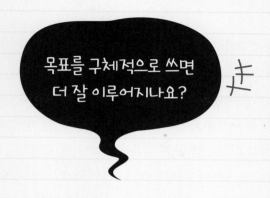

Q 풍요노트를 보니 항목이 꽤나 구체적이네요. 저는 다른 책에서 원하는 것에 대해서 우주에 맡기고 어떻게 이루어질지 걱정하지 말란 글을 읽고 풍요에 대해서도 포괄적으로 주문해왔습니다. 어느 쪽이 맞는 것인가요?

A 글쓴이도 처음에는 목표랑 목적이 어떻게 다른지, 전략과 전술은 또 뭔지, 비전과 목표는? 이런 것들이 구분이 안 가서 엄청 헷갈렸던 적이 있습니다.

꿈은 원대하게 꿔라! 하면서 어디에서는 목표는 구체적으로~~~ 라고 하고, 그러면서도 한편으로는 어떻게 이뤄질지 생각하지 말고 우주에 맡겨~ 라고 하니까요.

그러다 우리말로 헷갈리면 원문에서 영단어를 확인하면 뜻이 분명해지는 경우가 많다는 것을 알게 되었죠. 외국 책을 번역한 경우 뉘앙스가 다른 말인데 번역자가 단어를 바꿔서 뜻이 달라지는 경우가 생기거든요.

지금 국내에 소개된 많은 자기계발서 대부분(시크릿, 호오포노포노, 네빌 고다드, 리얼리티 트랜서핑 등)이 원래 해외 책을 번역한 것이다보니 해석상의 혼선이 생길 여지가 있는 것 같고요. 물론 모든 책들을 다 원서 대조한 건 아니지만, 글쓴이가 이해하고 정리한 내용은 다음과 같습니다.

목적	목표
영어로 Goal, 또는 Purpose 뭔가를 결정하고 행동하게 하는 근본적인 동기. 추상적인 것, 방향성	**영어로 Objective 또는 Outcome** 목적을 이루는 과정에 있는 하부 항목. 특정한 결과 값

예를 들면 내가 행복해지는 것이 삶의 목적이고, 그 안에 경제적인 풍요, 인간관계, 건강, 취직 등의 내용이 목표입니다. 즉 목적을 이루는 과정이자 수단이 목표라고 할 수 있습니다.

특히 목표는 보통 'Objective'라고 하지만, 특정한 결과값으로 이루었는지 못 이루었는지를 확인할 수 있기 때문에 출력을 의미하는 'Outcome'이라는 단어로도 대치할 수 있겠네요.

목적은 추상적이기 때문에 이뤄졌는지 아닌지를 구별하기가 좀 어렵습니다. 내가 얼마나 행복한가? 물어보면 너무 막연하잖아요. 그래서 얼마나 행복한가?를 재산, 건강, 인간관계, 직업 등 성취도를 확인할 수 있는 목표를 정하고서 목표가 많이 달성되면 그만큼 행복하다고 여기는 것입니다.

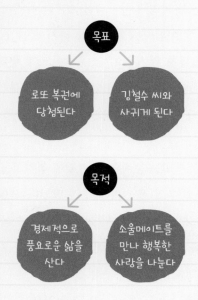

우리가 우주 택배로 주문하는 것들은 대부분 '목표'입니다. 따라서 이게 이루어졌나 안 이루어졌나를 알려면 구체적

으로 주문해야겠지요. 반면에 이런 것들을 통해 행복하게 되고 싶다는 큰 의도는 '목적'이랍니다. 이 부분은 크고 대략적으로 무작정 우주를 믿고 맡기면 되는 것이고요.

그러나 목표는 목적으로 가는 수단이자 방법이기 때문에, 처음 정한 목표가 아닌 다른 목표가 이루어짐으로써 목적을 이루는 경우도 많습니다. 김철수 군과 사귀고 싶었지만 그러지 못했다. 중간 과정에서는 김철수 군과 사귀지 못해서 낙심하고 소원이 이뤄지지 않았다고 하기 쉽지만 조금 길고, 넓게 보면 그렇지 않거든요. '소울메이트와 행복한 사랑을 하는 것이다'라는 내 목적(의도)을 우주에 충분히 맡겼다면 김철수 군보다 훨씬 좋은 남자가 곧 나타날 수밖에 없겠죠?

마지막으로 우리는 눈에 보이는 것에 집착하는 성향이 있어서 목표를 이루고 못 이루고에 매달리다가 원래 목적을 잊어버리는 경우도 많습니다. '목적이 이끄는 삶'이라는 말은 있어도 '목표가 이끄는 삶'이라는 말은 없듯 수단은 수단일 뿐, 목적 그 자체가 될 수는 없겠지요.

풍요 면에 있어서도 돈이 나가고 들어오고 하는 데 너무 일희일비하지 않기를 바랍니다.

돈에 대한
집착이 심합니다

Q 풍요노트를 실천하면서 풍요에 대한 고정관념을 깨려고 노력
하는 중입니다. 그런데 여전히 들어오는 현금 수입이 제자리다
보니 돈에 대한 집착이 없어지지 않습니다. 돈에 대한 집착을 내려놓
으려면 어떻게 해야 할까요?

A 경제학 용어 중에 '금본위제'라고 들어봤는지 모르겠
네요. 쉽게 설명드리면 금 일정량 만큼에 대응하여 화
폐 일정액을 발행할 수 있게 정한 제도입니다.

아시다시피 옛날에는 사람들이 물물교환을 하거나, 가장
가치 있는 '금'을 가지고 물건을 사고팔고 했습니다. 하지만
경제가 점점 발전하면서 매번 금덩어리를 갖고 다닐 수 없
으니 금 대신 화폐를 만들게 된 것이고요. 하지만 어느 순간
부터 사람들이 금의 가치 이상으로 화폐를 마구 찍어내기

시작하면서 금본위제는 무너졌고, 결과적으로 지금은 돈의 가치가 예전만 못하게 되었습니다.

제가 어릴 때는 자장면이 중국집에 직접 가서 먹으면 600원, 배달시켜 먹으면 700원이었거든요! 지금 음료수 한 병 값보다 쌌다니 믿기 어렵겠죠? 하지만 여러분도 어렸을 때 5,000원, 10,000원은 큰돈이었는데 언제부터인가 물가가 올라도 너무 올라서 예전의 10,000원과 지금의 10,000원은 가치가 다르다는 걸 느끼고 있을 거예요.

이대로 물가가 계속 점점 더 오른다면 수레에 돈을 가득 싣고 가서 바나나 한 송이 사는 데 그치게 되는 시대가 올지도 모른다고 합니다(아프리카의 짐바브웨라는 나라에서 있었던 일입니다).

경제학 이야기를 통해서 알 수 있는 건, 우리가 집착하는 돈의 가치가 실은 '허구'라는 것입니다. 주식도 마찬가지죠. 흔히 주식하다 망한 분들 표현으로 주식이 휴지조각이 되었다고 하는데, 원래 주식은 휴지조각이 맞습니다. 눈에 보이지 않는 회사의 가치를 눈에 보이는 증권으로 만들어 사고 팔도록 한 것이 주식이니까요.

돈이다, 주식이다, 채권이다 알고 보면 이 모든 것들은 사람들이 가상으로 만들고 의미를 부여한 실체 없는 것들입니다. 그런데 너도나도 돈으로 할 수 있는 것을 원하다보니 돈 그 자체가 중요해졌고, 사람이 돈을 지배해야 하는데 돈이 사람을 지배하는 사회까지 오게 되었습니다.

돈이 중요하지 않다거나 무시해도 된다는 것은 아닙니다. 돈에는 분명 힘이 있지요. 그 힘 중 하나는 가진 사람의 고유한 특성을 더욱 잘 드러내게 하는 점이고요.

구두쇠가 돈을 벌면 그래도 그는 짠돌이 짓을 할 테고, 베풀길 좋아하는 사람이 돈을 벌면 그는 그 돈으로 베푸는 데 더 열중하겠죠. 재벌들이 슈퍼나 빵집 같은 서민들의 생계 수단에까지 진출해서 돈을 버는 것이나, 가수 김장훈 씨 경우 돈이 있든 없든 항상 기부를 하는 것이 그 예라고 할 수 있겠네요.

제가 알던 사람 중에도 건물이 몇 채인데 정작 재활용함에서 옷을 갖다 입는 사람도 있었답니다. 헐~ 그러니 돈이 생기면 자신이 지금과는 전혀 다른 사람이 될 거라고 말하는 건(돈이 생기면 기부할 거야, 돈이 있으면 성격이 밝아질 거야) 조금 생각해봐야 할 이야기 아닐까요?

바늘도둑이 소도둑된다고 돈에 대한 집착으로 추한 짓도 서슴지 않는다면 돈이 벌리면 벌릴수록 더 나쁜 길로 빠져들 수도 있습니다. 돈의 힘은 그런 것입니다.

독자 여러분, 돈의 중요성을 인정하고 잘 사용하세요. 돈을 통해서 할 수 있는 것들에 대해 감사하세요. 하지만 돈이 나를 통제하게 해서는 안 됩니다. 어디까지나 내가 돈의 주인임을 기억하세요. 확언 등을 할 때도 '나는 돈의 주인이다, 돈은 나의 명령을 따른다' 하면서 돈에 대한 자제력을 가지길 바랍니다.

결론적으로 남녀사이도 집착하는 관계는 오래갈 수 없듯 돈과도 마찬가지입니다. 내가 돈에 대해 집착하면 오히려 돈이 나를 멀리합니다.

당장의 현금흐름에 안달내기보다 현재 누리는 풍요에 집중하면서 꾸준히 풍요노트를 쓰다보면 곧 현금흐름으로 이어질 것입니다.

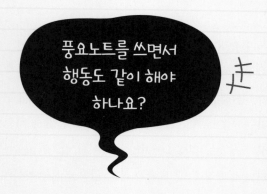

풍요노트를 쓰면서
행동도 같이 해야
하나요?

Q 저는 당장 내야 할 청구서들이 많아 금전적인 풍요가 간절한 상황입니다. 풍요노트를 쓰는 중인데 아직 변화가 보이지 않습니다. 노트를 쓰면서 기다려야 할지, 다른 일자리나 알바를 알아봐야 하는지 궁금합니다.

A 많은 자기계발론에서 행동이나 실천이 중요하다고 합니다.

물론 맞는 말이지만 기억할 것은, 우리의 몸과 마음이 별개가 아니라는 점입니다. 경제적인 풍요가 확고하게 잠재의식에서 받아들여지면 자연스럽게 영감이 떠오르거나 실천으로 옮기고 싶은 마음이 저절로 생깁니다. 풍요가 잠재의식에 확실하게 입력되면 집에 가만히 있기보다 사람을 만나려고 하거나, 학원을 알아보거나 하는 등 행동이 반드시 따라오게 되어 있습니다.

단, 그 행동이 당장 돈벌이와는 상관없어 보일 수는 있답니다. 등록금이 부족한데 예전에 그만 둔 그림공부가 하고 싶다는 식으로요. 그런 식으로 마음에서 뭔가 하고 싶다는 욕구가 생기는 것이 1차적인 신호이자 징조라고 할 수 있죠.

반면에 당장 눈에 보이는 돈이 없다고 불안해서 일자리나 대출을 알아보거나 복권을 사는 행동은 아직 풍요가 완전히 받아들여지지 않았다는 뜻입니다. 일중독자들이 24시간 쉼 없이 일을 하는 것도 일이 좋아서가 아니라 일을 하지 않으면 불안하기 때문이거든요. 불안할 때 얻은 일자리나 투자 등은 오히려 안 좋은 결과로 이어질 확률도 높습니다. 판단력이 흐려졌을 때 선택한 것은 그만큼의 위험부담이 따르기 때문입니다.

결론적으로 금전적 결핍으로 마음이 불편하고 어떻게 해야 하나 압박감에 시달릴 때는 성급한 행동을 하기보다 풍요노트를 쓰면서 기다리는 것이 좋습니다. 마음이 고요해지고 난 후에 차분한 상태에서 떠오르는 생각을 실천에 옮기도록 하세요. 실천이 무조건 다 좋은 것만은 아닙니다.

그렇다고 글쓴이가 오직 정신의 힘만 가지고 원하는 것을 이룰 수 있다는 이야기를 하는 것은 아닙니다.

요 몇 년 동안 마음, 혹은 잠재의식의 힘을 강조하는 책과 지식들이 많이 소개되었습니다. 그러면서 심상화나 확언, EFT 등을 통해서 소원이나 목표를 이루는 데 도움을 받은 분들도 많지요.

하지만 '오타쿠'를 떠올려보세요. 골방에 들어앉아 특정 연예인이나 애니메이션의 주인공만을 꿈꾸고 느끼면서 생활하는 사람들 말입니다. 열심히 꿈에 젖어서 심상화를 하는데 현실은 왜 그런 모습일까요? 심상화가 정말 모든 것을 해결해줄 수 있다면 그들은 자신들이 몰입하는 것에 대해서 뭐라도 이뤘어야 하는 게 아닐까요?

하와이의 정화기법인 호오포노포노의 원류라고 알려진 후나Huna에서는 사람에게 생명에너지Mana가 있다고 말합니다. 이 생명에너지의 양이 소원을 이루는 힘의 바탕이 된다고 하고요. 즉 건강한 사람, 밝고 긍정적인 사람이 생명에너지가 많은 사람입니다.

그래서 가만히 앉아 공상만 하면 생명에너지의 양이 부족하기 때문에 바라는 것이 잘 이뤄지지 않습니다. 다시 말해 심상화와 확언도 중요하지만 얼마나 몸과 마음이 건강한가? 적극적인 활동을 하는가? 이 부분이 더 중요하다는 것이죠.

몸이 아프면 마음도 쉽게 우울해집니다. 반대로 몸에 활력이 넘치면 마음도 긍정적인 것에 집중하기가 훨씬 쉽죠.

그러니 잘 먹고, 잘 자고, 마음 맞는 친구들과 자주 만나고, 스트레스 받는 일이 있으면 가급적 그때그때 풀고 하는 것이 평범한 일 같지만 실은 소원을 이루는 비결이기도 하답니다.

강조하건대 글쓴이는 풍요노트를 포함해서 어떤 대단한 자기계발법이 있다 해도 건강한 사람보다 우선하지 않는다고 봅니다.

쓸쓸이가 헤픈 것을
고칠 수 있을까요?

Q 저는 평소에 쇼핑이 삶의 낙인 직장인입니다. 풍요노트를 알고서 돈을 버는 것도 풍요지만, 잘 쓰는 것도 풍요에 속한다는 것에 느낀 점이 많았습니다. 그런데도 여전히 수입보다 지출이 많아서 불필요한 지출을 하는 습관을 이제는 고쳐보려 합니다. 어떻게 해야할까요?

A 이사를 할 때쯤 가구를 알아보다가 네이버에 중고카페에 들어갔다가 정말 놀란 적이 있습니다. 사놓고 쓰지도 않은 물건들을 되파는 분들이 정말 많더군요!

한두 번 쓰고 만 물건들, 홈쇼핑에서 무더기로 구매한 것 등 참 아깝다는 생각이 들었습니다. 실은 중고 사이트에서 되파는 건 그나마 나은 편입니다. 저도 가끔 보면 안 쓰면서 버리지도 않고 굳이 쌓아만 놓고 있는 물건도 많거든요.

충동적으로 뭔가에 지출하고 나서 2, 3일 후면 후회를 하는 일이 많거나, 버는 것보다 늘 초과해서 지출을 한다면 아무리 풍요노트를 쓰고, 심상화와 확언을 하고 부를 끌어당겨도 한계가 있기 마련입니다. 그러면 우리는 왜 충동적인 지출을 하게 되는 걸까요? 이른바 지름신이 강림하는 이유는 무엇일까요?

공통적으로 사람은 과시하고 싶은 욕구 때문에 지출을 합니다. 특히 과시의 욕구는 남자분의 경우가 더 강합니다.

고시원에 살아도 차는 장기 할부로 중형차를 뽑는 직장인처럼 여자 앞에서, 혹은 다른 사람들 앞에서 남자로서 체면을 세우기 위해 무리한 지출을 하는 것입니다.

경제와 산업이 발달하는 건 좋은데 그만큼 좋은 상품과 서비스가 매일 시장에 새로 출시되다 보니 그걸 따라잡기 위해 지출을 하는 경우도 생기구요. 솔직히 2G폰을 사용하는 사람과 최신형의 아이패드와 갤럭시노트를 갖고 다니는 사람을 은근히 비교하게 되니까요.

남자분들 경우에는 자기가 사용하는 도구를 자신과 동일시하는 경향이 많아서 더 그렇습니다. 도구가 뛰어나면(비싸면) 그 소유주도 뛰어나다고 생각하지요. 그래서 보드 타러 처음 가는데 장비는 최고급으로, 이제 막 사진 동호회에 가입해놓고 전문가용 DSLR을 사곤 한답니다. 이런 것이 과시형 지름신의 유형입니다.

여성분들도 과시하기 위해서 뭔가를 산다는 말을 많이 듣습니다. 하지만 그것보다는 여성들의 지름신은 알고 보면 '불안' 때문인 경우가 많답니다.

좋은 구두는 여자를 멋진 곳으로 데려다 준다(그러니까 좋은 구두를 사라)는 참 절묘한 카피가 있죠. 이렇게 신발이 많은데도 또 신발을 사는 건 표면적으로는 예뻐서, 필요해서인 것 같아 보이죠. 하지만 실은 지금 이 장소와 이 시간이 아닌 다른 곳으로 가고 싶다는 심리가 근원입니다. 말하자면 현실이 뭔가 불안하고, 약간은 불만족스럽다는 뜻이죠.

여성분들의 경우 충동구매를 기록해놓고 살펴보면 주로 생리전 기간에 자주 그런다는 걸 확인할 수 있을 거예요. 이때는 호르몬 때문에 특히 불안함을 많이 느끼거든요. 그래서 쇼핑을 함으로써 불안감을 해소하고 안도감을 찾습니다.

가방도 비슷한 것으로 한 개쯤 더 있으면 옷에 매치하기 좋겠고, 비타민 A, B, C, D, E를 먹고 있으니까 이번엔 철분제를 먹으면 더 건강해질 것 같고⋯ 그런 심리가 작용하는 거지요. 그러다 불안한 마음이 어느 정도 해소가 되고 기분이 평소 상태로 돌아오면 카드 명세서를 받고 뒷목을 부여잡게 되고요(ㅎㅎ).

저는 가끔 뭔가를 충동적으로 사고 싶을 때 내가 그 물건을 샀다 치고 과연 만족감이 며칠이나 갈 수 있을까? 생각해보곤 합니다. 충동구매 하는 물건은 대부분 만족도가 며칠을 못 가거든요. 또 인터넷 같은 경우 장바구니에 담아놓고 3~4일 정도 지나면 상당수는 사고 싶은 마음이 사라지기도 했습니다.

어느 심리학 서적에 나온 이야기인데 뇌의 특정 부위에 이상이 생긴 실험쥐는 먹이를 가져다가 계속 쌓아놓는 행동을 반복한다고 합니다.

사람도 마찬가지랍니다. '쇼핑 중독'이라는 말도 있지만, 자신의 경제력을 넘는 지출이 반복되면 씀씀이가 헤프다고 무작정 자책하기보다 나의 심리에 해결하기 힘든 문제가 있는 건 아닌지 살펴보고 그것을 먼저 해결하는 것도 좋으리라 생각됩니다.

메타인지와 풍요노트

혹시 여러분 중에 '지금 생각하면 내가 그때 왜 그랬나 몰라?' 지워버리고 싶은 기억 때문에 힘든 분 있나요?

.
.
.

매정하게 이별통보를 하고 잠수를 타버린 남자친구의 전화기에 100통도 넘게 문자를 남기고 그것도 모자라서 집 앞으로 찾아가고… 나중에 생각하니 얼굴이 화끈거릴뿐더러 혹시나 내 주변에 누가 이별통보를 받고 그런 행동을 한다면 무조건 말릴 거야! 그런 생각을 하나요?

그때 여러분이 관찰자가 되어 객관적으로 자기의 행동을 볼 수 있다면 어땠을까요? '그의 집에 찾아가는 행동은 별로 이성적이지 못하고, 오히려 역효과가 날 수 있어' 이렇게 자신의 생각을 재점검할 수 있다면 아마 그런 창피스러운 행동 대신 메일을 보낸다던가 하는 다른 방법을 찾았을 가능성이 큽니다.

이 사례가 바로 '메타인지Meta-Cognition'에 관한 것입니다.

메타인지(초인지)는 인지 위의 인지, 즉 자기의 사고과정을 관찰자가 되어 볼 수 있는 힘을 말합니다. 잘못된 선택을 하는 경우는 한 가지 생각에 깊이 함몰이 되어 다른 생각을 못하기 때문인데, 메타인지로 그를 방지할 수 있습니다.

학업성적이 뛰어난 우등생들을 조사하면 메타인지능력이 보통 학생들보다 뛰어나다고 합니다. 이 아이들은 자신이 수학시험에서 몇 점을 받았는데, 구체적으로 함수에서 어떤 부분을 이해를 못해서 틀렸는지 정확히 이해한다고 하네요.

그러면 메타인지가 풍요노트와 무슨 관련이 있을까요?

풍요노트를 꾸준히 기록하다보면 메타인지력이 키워집니다. 메타인지는 말씀드렸듯 자신의 사고과정을 관찰자 입장에서 다시 한 번 보는 것입니다. 따라서 일정 기간 동안 풍요노트를 쓰고 그 내용을 피드백해보면 나의 몰랐던 부분이 한 눈에 들어옵니다. 예를 들어 주로 언제 어디에 지출을 하는지, 수입은 어떤 식으로 느끼는지, 무엇에 가장 큰 가치(금액을 많이 쳐주는 부분)를 두는지 등을 알 수 있죠.

요즘 많은 분들이 감정을 주체할 수가 없다, 충동을 억누르기가 힘들다고 호소하는 경우가 많습니다. 스마트폰이나 게임, 쇼핑 같은 것에 중독 증상이 있으면 더 심하고요. 이럴 때 해결책도 메타인지입니다. 메타인지력이 키워지면 자신의 생각과 행동에 통제력을 가질 수 있으니까요.

처음부터 메타인지를 생각하고 풍요노트를 적기 시작한 것은 아니었습니다. 하지만 풍요노트를 적으면서 돈이 모일 수밖에 없었던 게 미처 몰랐던 돈에 관한 나의 생각과 행동 패턴이 노트에 고스란히 드러나니 그 점을 바꿔볼 여지가 생긴 것이었죠.

이 책은 금전적 풍요에만 적용하여 노트를 설명했지만, 인간관계를 향상시키고 싶은 분들은 이를 인간관계노트로 적용하면 역시 같은 효과를 볼 수 있습니다. 메타인지를 통해 타인의 관점과 생각을 이해할 수 있으면 인간관계가 안 좋을 수가 없겠죠?

앞서 기록은 곧 심상화라고 했지만, 메타인지 측면에서도 큰 도움이 된답니다.

행복의 파랑새는
이미 내 곁에

여기까지 읽으시면서 풍요노트가 어떤 것인지 감이 좀 잡히셨나요? 함께 읽어볼 만한 이야기 한 편을 옮기며 풍요노트를 마무리하려고 합니다.

강가에서 낚시를 하던 백만장자가 작은 배에 누워 한가로이 담배를 피우는 어부를 보았다. 백만장자는 어부에게 왜 물고기를 잡지 않느냐고 물었다.

어부   오늘 분량의 물고기를 다 잡았답니다~.

백만장자   그래도 좀 더 일해서 물고기를 잡으면 되잖소?

어부   이 정도면 제 가족에게 충분하거든요.

백만장자   그럼 남는 시간에는 뭘 하시오?

어부   요리를 하기도 하고, 그물침대에 누워 낮잠도 즐기고, 이렇게 보트에 누워 하늘도 감상하곤 하죠.

백만장자   내가 당신이면 물고기를 더 잡아서 그 돈으로 큰 배와 그물을 사겠소. 그러면 돈도 더 벌 수 있소. 그러면 큰 배를 여러 척 살 수 있을 테고, 어부들을 고용해서 더 많은 물고기를 잡아 아주 큰 부자가 될 수 있소. 나처럼 백만장자가 될 수 있단 말이오!

어부   그런가요? 그렇게 되려면 얼마나 걸리는데요?

백만장자   한 20년? 그보다 더 걸릴 수도 있지만.

어부   그 다음에는요?

백만장자   쉬면서 인생을 즐길 수 있소. 아름다운 집에서 사랑하는 가족들을 위해 요리를 하고, 그물침대에서 낮잠을 즐길 수도 있고, 배 위에 누워 한가롭게 담배를 필 수도 있고….

어부   그런 거라면 지금도 하고 있습니다만….

어떤 느낌이 드나요? 백만장자는 진정한 풍요가 무엇인지 잘 모르는 것은 아닐까요? 그런데 우리가 풍요를 생각할 때는 이야기속의 백만장자처럼 생각하는 경향이 크답니다.

마지막으로 슬렁슬렁 부자되는 풍요노트를 쓰게 된 계기를 말씀드리려고 합니다.

이전 책인《코즈믹 오더링》에도 언뜻 나온 내용인데 빌려준 돈 500만 원 돌려받기 오더링을 할 때쯤이었습니다. 꼭 필요한 돈인데 떼먹힐까봐 그야말로 전전긍긍이었죠. 그렇게 마음고생을 하던 중에 지인을 만나는 자리에서 어쩌다 보니 못 받고 있는 돈 때문에 고민이라는 이야기를 하게 되었습니다.

저보다 한참 인생 선배인 분이라서 여러 가지 좋은 말씀을 듣게 되었죠. 결과적으로 만남을 마무리하고 집에 돌아올 즈음에는 마음이 너무 후련하고 편해져 있었습니다.

곰곰이 생각해보니 몇날 며칠을 500만 원 때문에 그렇게 안달복달 했는데… 그 시간만큼은 완벽하게 잊어버렸더라고요? 현실은 어떨지 몰라도 힘과 위로를 주는 사람과 함께하는 동안 제 마음은 500만 원을 받은 것과 다름없었습니다.

그런 생각이 들었어요.

만남의 가치를 돈으로 따지는 게 우습긴 하지만, 굳이 돈으로 매긴다면 그날 저녁 만남은 500만 원 이상이었다구요. 그렇게 생각하고 난 얼마 뒤에 정말로 500만 원을 돌려받았습니다.

바로 그때, 이제껏 내가 생각해오던 풍요의 기준을 바꿔야 하지 않나 라는 깨달음을 얻었습니다.

풍요를 오고가는 현금으로만 환산하니까 내가 누리는 풍요의 가치를 알아차리지 못하는 건 아닐까…? 물고기가 물속에서 헤엄치고 있다는 사실을 모르고 움직이듯, 우리도 늘 풍요로움 속에서 살고 있는데 그걸 모르는 건 아닐까…?

그래서 내가 가진 시간을 돈의 가치로 환산해보았습니다.

내가 가진 건강과 체력을 돈의 가치로 환산해보았습니다.

내가 가진 고마운 가족과 친구와 연인을 돈의 가치로 환산해보았습니다.

내가 가진 지식과 능력치를 돈의 가치로 환산해보았습니다.

와우, 언빌리버블!

저는 정말 상상을 초월하는 액수의 풍요를 가지고 있더라고요.

내가 이렇게 풍요로운 사람이었나?

가진 게 이렇게 많은데 나는 지갑에 당장 현찰 몇십만 원이 없다고 풍요롭지 못 하다고 느끼고 있었구나!

생각을 고쳐먹고 매일 작은 금액이지만 받은 풍요를 셈하고, 감사하며 지내자 신기한 일들이 생겼습니다.

꼭 필요한 곳에 써야 할 돈이 때맞춰 들어왔고 쓸 만큼 쓰는데도 예전처럼 모자라거나 펑크가 나서 힘든 일이 없어졌습니다. 잠재의식이 풍요를 인식하는 틀을 바꾸자 시간이 지나면서 그것이 현실에도 반영되기 시작한 것이었죠.

슬렁슬렁 부자되는 풍요노트를 써보면 알겠지만, 노력해서 얻는 수입도 늘어나지만 그와 별개로 환경이 저절로 나에게 허락하는 풍요도 늘어납니다(경품 당첨, 복권, 연봉인상 등).

이것은 잠재의식이 풍요를 인식하면서 플러스 외부효과를 불러오는 현상입니다. 반대로 잠재의식이 궁핍하면 궁핍할수록 마이너스 외부효과도 생기기 쉽답니다(손해, 낙방, 실패 등). 양자물리학에서도 이야기하지만 우리가 인식하는 순간, 비로소 그것들이 존재하기 시작합니다. 즉 풍요는 인식되기를 기다리고 있고, 또 인식되는 순간 우리의 현실이 됩니다.

행복의 파랑새를 찾아 나섰던 동화 속 치르치르와 미치르의 이야기를 기억하나요? 파랑새는 이미 내 품에 머물고 있는지도 모릅니다.

슬렁슬렁 부자되는 풍요노트는, 만능의 도구라기보다 여러분이 이미 부자임을 다시 인식하게 해주는 작은 매개체로 여기면 좋겠습니다.

평범한 사람들의
비범한 소원을 위하여

이건 정말 되는 거야! 라는 확신과 함께 주변의 긍정적인 피드백에 힘입어 글을 쓰기 시작했지만, 글쓴이는 한편으로 고민이 많았음을 고백합니다.

왜냐하면 저는 지극히 평범한 사람이니까요. 이건희 회장이나 워렌 버핏 같은 부자도 아닌 내가 풍요에 관한 책을 쓰다니, 아직 갈 길이 먼데… 누가 보면 비웃지는 않을까 라는 생각에 시달린 적도 많았습니다.

그러나 용기를 내어 이 책을 끝까지 쓰고 세상에 내보낼 수 있었던 것은 하나의 확신 때문이었습니다. 그 확신은 적어도 내가 평범한 사람이기에, 평범한 사람들이 꿈꾸는 풍요가 무언지 안다는 것, 그 단순한 사실이었지요.

저는 압니다. 이 책의 독자님 중 대부분은 이건희 회장, 워렌 버핏, 빌 게이츠, 마크 저커버그, 오프라 윈프리, 가수 싸이만큼 풍요로워지기를 꿈꾸지는 않는다는 것을요(혹 그런 정도의 풍요를 바란다면 다른 책이 더 도움이 될지 모르겠습니다).

누구나 노력만 하면 무엇이든 가능하다 라는 말로 희망을 주는 곳도 많습니다. 그러면서 애플의 스티브 잡스도 대학을 중퇴했다, 워렌 버핏도 신문팔이 소년을 했다는 사례를 들곤 합니다. 한때는 저도 이런 사람들의 성공 사례를 읽으면 힘이 불끈해지긴 하더라고요. 하지만 잠시 불끈하는 약발이 며칠 못 가고 다시 변화 없는 현실을 반복하다보니 어느 순간 이건 아니구나… 라는 실망감이 느껴졌습니다.

늘씬한 모델들이 피팅한 홈쇼핑 광고를 보면 구매욕구는 200% 상승합니다. 하지만 나도 저렇게 멋스럽게 입어야지 하며 주문한 옷은 받아서 직접 걸쳐보면 전혀 다른 느낌이 더라고요. 왜 아니겠어요. 모델들의 몸매는 44, 55인데 나는 모델이 아니고 66, 77까지도 입는 평범한 여자인 걸요.

마찬가지로 스티브 잡스도 워렌 버핏도, 오프라 윈프리도 이 세상에 딱 한 명입니다. 그리고 나는 스티브 잡스나 워렌 버핏, 오프라 윈프리 같은 재능도 없고, 시대적 환경도 그들이 성공할 당시와 지금은 달라도 너~무~ 다릅니다. 더 중요한 건 누구나 스티브 잡스, 워렌 버핏이 될 필요도 없다는 것이죠. 전세기를 타고 날아다니며 세계 경제를 한 손에 넣고 쥐락펴락 하는 대단한 인물은 이미 있는 사람들로도 족합니다.

평범한 사람들의 꿈은 그런 거부들의 꿈과는 다릅니다. 그저 카드값 좀 제때 내고, 전셋값 좀 그만 올랐으면 좋겠고, 등록금 걱정 없이 학교 좀 다니면 좋겠고, 노후를 안락하게 보낼 만큼 저축이 있고, 일 년에 한두 번쯤 해외여행 가고… 보통사람들이 꿈꾸는 풍요는 이런 소박한 풍요 아니던가요?

그래서 저는 글을 쓸 자신감을 찾을 수 있었습니다. 세계적인 거부는 아니라도 슬렁슬렁 자신이 원하는 수준의 풍요를 누리는 방법이라면 얼마든지 말씀드릴 수 있으니까요.

지금 당장 경제적인 문제에 시달리고 마음이 각박할 땐, 이런 평범한 꿈이 절대 이룰 수 없는 비범한 꿈으로 여겨지기도 합니다.

하지만 먼저 경험한 사람으로 이야기합니다. 비록 지금은 비범하고 이룰 수 없을 것 같아 보이는 그 꿈도, 내가 어떻게 하느냐에 따라 쉽게 누릴 수 있는 평범한 일상이 되기도 한다는 것을요.

이 글을 읽는 독자 여러분의 삶에 풍요와 행복의 기적이 늘 함께하길 기원합니다.

비하인드 드림

풍요노트 써보기 양식

주문 내용

- 금액 :   원   • 주문 도착 기한 :   년   월   일

| Daily 중요 입금액 |

매니 통장
-
-
-
-
-

감정 통장
-
-
-
-
-

시간 통장
-
-
-
-
-

Daily 합계	
Daily 합계	
목표 잔액	

저금 항목
-
-
-
-

• 금액 :   원   • 주문 도착 기한 :   년   월   일

| Daily 중요 입금액 |

머니 통장
-
-
-
-
-

감정 통장
-
-
-
-
-

시간 통장
-
-
-
-
-

Daily 합계

목표 잔액

적금 항목
-
-
-
-

• 금액 :　　　　　　원　• 주문 도착 기한 :　　　년　　월　　일

| **Daily 중요 입금액** |

머니 통장
-
-
-
-
-

감정 통장
-
-
-
-
-

시간 통장
-
-
-
-
-

| Daily 합계 | |
| 목표 잔액 | |

저금 항목
-
-
-
-

주문 내용

- 금액 :   원   • 주문 도착 기한 :   년   월   일

| Daily 중요 입금액 |

매니 통장

-
-
-
-
-

감정 통장

-
-
-
-
-

시간 통장

-
-
-
-
-

| Daily 합계 | |
| 목표 잔액 | |

적금 항목

-
-
-
-

주문 내용

- 금액 :   원   • 주문 도착 기한 :   년   월   일

| Daily 중요 입금액 |

**머니
통장**

-
-
-
-
-

**감정
통장**

-
-
-
-
-

**시간
통장**

-
-
-
-
-

Daily 합계	
목표 잔액	

**저금
항목**

-
-
-
-

주문 내용

- 금액 :   원   • 주문 도착 기한 :   년   월   일

| Daily 중요 입금액 |

머니 통장

-
-
-
-
-

감정 통장

-
-
-
-
-

시간 통장

-
-
-
-
-

| Daily 합계 | |
| 목표 잔액 | |

저금 항목

-
-
-
-

주문 내용

- 금액 :   원   • 주문 도착 기한 :   년   월   일

| Daily 중요 입금액 |

머니 통장

감정 통장

시간 통장

Daily 합계	
목표 잔액	

적금 항목

• 금액 :   원   • 주문 도착 기한 :   년   월   일

| Daily 중요 입금액 |

머니
통장
-
-
-
-
-

감정
통장
-
-
-
-
-

시간
통장
-
-
-
-
-

| Daily 합계 | |
| 목표 잔액 | |

적금
항목
-
-
-
-

- 금액 :   원   • 주문 도착 기한 :   년   월   일

| Daily 중요 입금액 |

머니 통장
-
-
-
-
-

감정 통장
-
-
-
-
-

시간 통장
-
-
-
-
-

| Daily 합계 | |
| 목표 잔액 | |

저금 항목
-
-
-
-

• 금액 :   원   • 주문 도착 기한 :   년   월   일

| Daily 중요 입금액 |

**머니
통장**

•
•
•
•
•

**감정
통장**

•
•
•
•
•

**시간
통장**

•
•
•
•
•

| Daily 합계 | |
| 목표 잔액 | |

**저금
항목**

•
•
•
•

- 금액 :　　　　　　원　　• 주문 도착 기한 :　　　　년　　월　　일

| Daily 중요 입금액 |

**머니
통장**

-
-
-
-
-

**감정
통장**

-
-
-
-
-

**시간
통장**

-
-
-
-
-

Daily 합계	
목표 잔액	

**저금
항목**

-
-
-
-

주문 내용

- 금액 :   원   • 주문 도착 기한 :   년   월   일

| Daily 중요 입금액 |

머니 통장

-
-
-
-
-

감정 통장

-
-
-
-
-

시간 통장

-
-
-
-
-

Daily 합계	
목표 잔액	

저금 항목

-
-
-
-

- 금액 :   원   - 주문 도착 기한 :   년   월   일

| Daily 중요 입금액 |

**머니
통장**

-
-
-
-
-

**감정
통장**

-
-
-
-
-

**시간
통장**

-
-
-
-
-

| Daily 합계 | |
| 목표 잔액 | |

**저금
항목**

-
-
-
-

• 금액 :   원   • 주문 도착 기한 :   년   월   일

| Daily 중요 입금액 |

**마니
통장**

-
-
-
-
-

**감정
통장**

-
-
-
-
-

**시간
통장**

-
-
-
-
-

| Daily 합계 | |
| 목표 잔액 | |

**저금
항목**

-
-
-
-

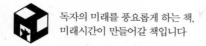
독자의 미래를 풍요롭게 하는 책,
미래시간이 만들어갈 책입니다

슬렁슬렁 부자되는 풍요노트

개정판 1쇄 2016년 1월 28일

지은이 비하인드 **펴낸이** 이부원 **펴낸곳** 미래시간
출판등록 제2012-000053호
주소 제주특별자치도 서귀포시 남원읍 신흥리 270-4
전화 (070) 4063-8166 **이메일** nuna0604@naver.com
총괄 서정 **마케팅** 이국남
디자인 김수미 **본문일러스트** 정유리
기획·책임편집 미래시간 편집부

ISBN 978-89-98895-07-5   03320